초등
**출력
독서**

세상을 바꾸는 책 읽기의 비밀

초등
Reading is Output!
출력
독서

이정균 지음

글라이더

새로운 미래를 만드는 힘은 책 읽기에서 나온다고 합니다. 그래서 다들 책을 읽자고 합니다. 그러나 구체적으로 어떻게 읽어야 하는지 제대로 알고 읽는 사람은 많지 않습니다.

그런 분들에게 현장에서 길어올려 쓴 이 책이 꼭 필요할 것입니다. 다른 책을 읽기에 앞서, 이 책부터 읽어보시길 바랍니다.

– 이용훈(도서관문화비평가, 한국도서관협회 사무총장)

초등학교 교과서가 스토리텔링 형식으로 바뀌고 논술 교육이 중시되면서 독서 교육의 색다른 방법인 창의적 독후 활동에 많은 관심이 쏟아지고 있습니다. 시원하게 해결할 출구를 찾지 못하고 기존의 독서 교육 방법에서 제자리 돌기를 하고 있었던 저에게 신선한 충격을 주었던 단어가 이정균 선생님의 '출력 독서'입니다.

우연한 기회에 이정균 선생님 반 학생들의 학습일기를 보게 되었습니다. 모든 학생들이 한 권의 학습 수필집을 만들어가고 있는 듯하였습니다. 논리 정연한 글을 넘어선 세련된 글쓰기였습니다. 독서 능력과 학업성취 능력의 관련성도 궁금했습니다. 단지 책을 읽고 끝나는 것이 아니라 자신의 생각을 정리하고 자신의 생각이나 감정을 이입하거나 표현해보는 등 다양한 활동을 통해 독서 효과뿐만 아니라 학습 효과도 높이고 있었습니다. 그 놀라운 결과물은 창의적인 독후 활동이 기초가 되었다는 것을 선생님의 강의를 통해 들을 수 있었습니다.

지금 생각해보니, 그 모든 것의 기초는 바로 '출력 독서'였습니다.

출력 독서를 위한 책 고르기에서부터 출력 독서를 위한 독서 방법, 성공적 출력 독서를 위한 독서 전략까지,《초등 출력 독서》를 읽으니 평소 창의적인 독서 교육 활동을 실천하신 이정균 선생님의 열정이 고스란히 전해집니다.

초등학교 시절은 독서 교육의 '결정적 시기'라고 생각합니다. 이 시기에 평생의 독서 습관을 결정짓기 위해, 자녀와 또는 제자와 함께 성장하는 독서 활동을 고민하는 학부모님과 선생님들께, 진정한 독서인讀書人 이정균 선생님이 학생들과 함께한 활동이 고스란히 담긴 이 책을 추천합니다.

– 이혜련 (화봉초등학교 수석교사)

자녀나 학생들에게 독서를 제대로 가르치기 위해서는 좋은 안내자가 필요합니다. 이때《초등 출력 독서》가 좋은 독서 지도 안내서가 될 것입니다. 이정균 선생님은《초등 출력 독서》에서 독서 교육의 새로운 방향을 제시하고 있습니다. 책의 지식과 정보를 머릿속에만 입력하는 수동적인 독서에만 머무르지 말고 책의 내용을 잘소화해서 자신의 생각과 느낌을 출력하는 능동적인 독서에 초점을 맞춰야 한다고 강조하고 있습니다. 그러면서 다양한 독서 지도 방법을 사례와 함께 자세히 소개하고 있습니다. 이 책에는 독서 지도 활동에 참고할 만한 내용이 많습니다. 특히, 교사가 교육 현장에서 바로 적용할 만한 수업 사례가 참 많습니다.

이 책을 쓴 이정균 선생님은 ㈜책따세 활동을 하면서 만났습니다. 제가 본 이정균 선생님은 늘 새로운 것을 찾아 도전하는 분이었습니다. 신문 활용 교육을 처음으로 도입해서 수업에 적용했고, 학생들의 눈높이에 맞는 다양한 영상 매체를 활용한 수업도 누구보다 빨리 시도했습니다. 늘 남들보다 한 걸음 앞서서 도전하는 모습을 보여주었습니다.《초등 출력 독서》는 이정균 선생님의 이런 태도를 잘 반영한 책이라고 생각합니다.

저는 학생들에게 학습지나 활동지를 배부하면서 농담 반 진담 반으로 이렇게 말합니다. "이 종이에는 나의 영혼과 정성이 담겨 있으니 소중히 간직하기를 바란다." 글을 쓴다는 것은 그만큼 많은 노력이 필요하다는 것입니다. 책도 마찬가지입니다. 한 권의 책을 쓰기 위해 필자는 정말 많은 시간과 노력을 투자합니다. 많은 독자들도 《초등 출력 독서》를 읽으면서 책으로 따뜻한 세상을 만들고 싶은 필자의 노력과 정성을 느끼기를 진심으로 바랍니다.

– 조영수(창문여중 교사, (사)책따세 공동대표)

이정균 선생님과 저는 같은 학교에서 아이들을 가르쳤습니다. 2016년 봄부터 일주일에 한 번씩 이정균 선생님과 읽기 · 쓰기에 관심 있는 선생님들이 모여서 교육 방법을 나누었습니다. 저도 그 자리에 참여하여 열심히 배웠습니다.

그 다음 주에는 배운 것을 아이들에게 적용했습니다. 아이들은 뜨겁게 반응했습니다. 저도 놀란 순간이었습니다. 이 책에 소개되기도 한 방법 몇 가지만으로도, 아이들은 자신의 생각과 감정을 쏟아냈습니다. 봄에 씨를 뿌리면 가을에 열매를 맺는 것이 자연의 법칙이듯, 한 해 동안 우리 반 아이들은 자연스럽게 읽고 썼습니다. 쓰면서 아이들의 감정과 생각은 정리되고 모두가 놀라우리만큼 자라났습니다. 또 그것을 교사와 친구들과 나눌 수 있었습니다.

마치 물을 만난 물고기처럼, 원래부터 자신에게는 이런 능력이 있었는데 "선생! 당신이 제대로 못 끄집어내줘서 내가 못하고 있었던 거야."라고 말하는 듯했습니다.

그렇게 자신의 생각과 질문, 감정이 가득 쓰여 있는 열 권이 넘는 공책은 아이들만의 보물이 되어갔습니다.

우리 아이들에게는 원래 창의성이 있지요. 의미를 발견하고 창조해내는 능력이 말랑말랑한 두뇌와 여린 가슴 안에서 크게 꿈틀대어 왔지요. 다만 딱딱하게 굳어버린 어른들이, 또 그런 어른들이 만들어낸 더 딱딱한 세상이 생명력 넘치는 아이들을 옴짝달싹 못하게 만들어왔을 뿐이지요.

이 책을 읽고 학부모님의 아이에게, 선생님의 학생에게 그대로 적용해주세요. 그 순간부터 아이들은 내면에 입력된 내용들을 물 만난 고기처럼 신나고 다양하게 출력해서 세상에 내놓을 것입니다. 그러다 보면 문제를 푸는 입력형이 아닌 문제를 출제하는 출력형 학생이 될 것입니다.

– 한재경 (내유초등학교 교사)

책은 생명 보험이며 불사를 위한 약간의 선금이다.

- 움베르토 에코, 『책으로 천년을 사는 법』 중에서

문제는
출력(Output)이다!

누구나 쉽게 독서 교육을 이야기합니다. 돈도 적게 들고 교육적으로 이만한 것이 없다고 목소리를 높입니다. 다가올 4차 혁명의 시기에 이만한 교육이 없다고 난리입니다. 세계적으로 성공한 사람들은 모두 지독한 독서광이라고 외칩니다. 대체 그들은 어떤 책을 언제부터 어떻게 읽어서 그럴까요? 막연하게 어려서부터 독서를 하면 좋다는 이야기뿐입니다. 틀린 말은 아니지만 무조건 동의하기에는 찝찝한 기운이 가시지 않습니다.

고민의 퍼즐 조각은 늘어만 갔고, 도무지 맞추기 힘든 것이 아닌가, 하는 절망감에 빠졌을 때 '출력'이란 단어가 떠올랐습니다. 독서는 분명 '입력'입니다. 우리가 아는 '출력'은 말하기와 쓰기입니다. 그러나 돌이켜보면 우리는 출력보다 입력에 모든 것을 던졌습니다. 책을 읽고 '질문'하기보다는 수학처럼 '정답'을 찾았고, 단순한 내용 파악의 수준을 벗어나지 못하였고, '방향'을 잡고 하는 독서가 아닌 '방황'하는 독서를 했습니다. 그 결과, 다양성보다는 대립이, 비전보다는 후회와 반성이, 비평보다는 비난이 넘쳐났습니다. 입력만을 강조한 이상한 지식의 결하가 '내장 비만'으로 나타나 이젠 위험 수준에까지 이르렀습니다. 시대의 변화라는 거대한 물살이 잦아들자 입력만 강조했던 교육의 결과가 초라하고 보기 흉한 지식 층으로 만들어져 세상에 드러났습니다. 입력에 우선하는 독서는 이제 시대정신에 맞지 않습니다. 이제는 출력을 위한 독서가 되어야 합니다.

이제부터라도 아이들이 책을 읽고 직접 질문하게 해봅시다. 그것이 필자가 말하고자 하는 '출력 독서'입니다. 답만 찾지 말고 질문을 하라는 것이죠. 그런 질문을 통해서 우리 사회의 새로운 길이 열리고, 새로운 기준과 새로운 과제, 새로운 철학이 만들어질 것입니다. 필자는 이 책을 통해 출력 독서의 한 방법인 비경쟁 독서 토론과 독후감 쓰기를 이야기하고 싶습니다.

지금까지의 독서 토론은 대결이 난무했습니다. 게임이 끝나도 깔끔하지 못하고 승자나 패자 모두 불만과 회환과 상처만 남습니다. 그렇다고 치유도 보이지 않습니다. 목적을 상실한 것이죠. 심지어 논제마저도 스스로 정하지 못했습니다. 정해진 논제에 자신의 생각에 꿰맞추어야 했고, 이기기 위해 예상 질문과 답을 암기하기에 이르렀습니다. 입력을 강조한 독서가 만든 보기 흉한 모습입니다.

출력 독서는 비경쟁 토론을 강조합니다. 질문을 만들고, 그 질문에 스스로의 생각과 주장과 의견을 경쟁하지 말고 토론하라고 하는 것이 출력 독서입니다. 이상한 기준으로 승패를 구분하지 않으면 생각이 열리고, 열린 생각은 새로운 질문으로 이어지고, 새로운 질문은 새로운 차원의 자신과 우리를 만들어갑니다.

대부분의 독후감 쓰기 교육 또한 무의미했습니다. 그것이 싫어서 독서를 포기하는 아이도 생겼습니다. 자신의 생각은 자신의 글로 쓰고 말해야 합니다. 출력 독서의 도착점은 쓰기입니다. 출발하였으나 도착하지 못한 배는 바다 위를 떠다니는 '괴물체'일 뿐 아니라 다른 배들의 장애물입니다. 출발한 배는 방황하지 않고 반드시 항구로 돌아와야 합니다. 그래야 다시 새로운 항해를 할 수 있습니다. 그렇게 다시 출발하면 더 넓고 더 멋진 세상을 만나게 됩니다. 새로운 바닷길이 열리고 자신만의 항로가 생기고 자신만의 항법이 생깁니다. 그것은 자신만의 출력이 됩니다.

이러한 연유로 출력하는 독서를 제안하며, 출력 독서가 필요한 이유와 출력 독서를 위한 방법, 그 효과에 대해 이야기하고자 합니다. 여기에는 제가 초등학교에 머물며 아이들을 위해 독서 교육을 한 과정과 마지막 마디를 완성하고 최종 목적지에 도달한 내용을 담았습니다. 자신의 생각을 자신의 언어로 말하고 쓰지 못하는 아이들을 지켜보며, 독서와 배움의 의미와 지식의 한계, 지식인의 부끄러움을 다시 생각해보았습니다. 생각 끝에 아이들이 이렇게 된 것이 독서를 통해 지식을 입력만 하고 출력하지 못한 결과인 것 같아 '독서 출력'을 화두로 삼게 되었습니다. 입력만을 지상 최대의 과제로 삼았던 부끄러운 모습에서 벗어나 이제는 우리 아이들을 출력하는 아이로 길러야 합니다. 그것만이 답입니다.

이 책을 출간하는 데 많은 분의 도움이 함께했습니다. 이 책은 그분들의 것입니다. 그놈의 정이 무엇이기에, 목숨 다하는 날까지 갚기 어려운 은혜를 다시 입었습니다.

㈜책따세 회원들, 아니 동지들은 항상 자극제가 되었습니다. 그들의 책 사랑에 늘 고개 숙여 존경을 표합니다. 20여 년 가까이 그들은 금요일 밤마다 모여 대한민국 학교 독서 교육의 새 역사를 창조하고 있습니다. 대한민국 교사 만세입니다. 언제든지 보고 싶고 함께하고 감사할 분들입니다. 그렇게 모여진 보석 같은 자료들이 이 책 안에 고스란히 녹아 있습니다. 결코 잊지 못할 분들입니다.

가족의 기도는 늘 제 힘입니다. 특히 기적을 만들어낸 외손자를 생각하면서 열심히 자판을 두드렸습니다. 고백하건대 이 책은 그 녀석을 위해 그 녀석의 웃음으로 엮어낸 결과물입니다. 피곤함을 이기는 데 그 녀석의 웃음만 한 게 없었습니다. 어머니의 새벽기도와 도와줄 것이라고는 차 한 잔뿐이라며 늘 미안해하던 집사람의 기도도 빠질 수 없습니다.

프롤로그

빅뱅 이래 최고의 불황이라는 어려운 출판 환경에서도 거칠기만 하던 원고를 다듬어준 글라이더 출판사에게도 감사할 뿐입니다. 거기에 더하여 거친 초고를 늘 기쁜 마음으로 모니터해주고 거기에 더해서 따뜻한 모닝커피를 타준 이지영, 박희주 선생님에게도 감사의 마음을 전합니다. 자식의 교육 문제로 늘 고민하면서도 흔쾌하게 이 글의 방향과 내용을 잡아준 김경화 작가에게도 감사를 드립니다.

2017년 찬란한 새 봄에
교하에서 이정균 씀

2부 : 출력 독서 - 말하고 쓰기

아래의 질문을 읽고 내 아이의
모습을 떠올려봅시다.

내 아이는

① 요즘 읽고 있는 책이 있다. / 없다.

② 책을 읽고 친구들과 토론할 수 있다. / 없다.

③ 읽어야 하는 책 목록이 있다. / 없다.

④ 독후감 쓰기를 어려워한다. / 어려워하지 않는다.

⑤ 책을 읽고 책에 대해 말하고 쓰기를 못한다. / 잘한다.

⑥ 책을 읽고 그 내용이 무엇인지 안다. / 모른다.

⑦ 책을 읽고 자신의 생각을 가질 수 있다. / 없다.

시원한 답을 내지 못하는 부모님들에게
이 책을 권합니다.

PART 1

출력
+ 읽기 +
독서

왜 지금
출력 독서
인가?

1장

수단으로서의 독서에서 성숙한 독서로/ 답을 찾는 독서에서 질문하는 독서로/ 의미를 파악하는 독서에서 의미를 창조하는 독서로/ 단순한 독서에서 종합적인 사고력을 키우는 독서로/ 입력만을 위한 독서에서 출력을 위한 독서로/ 빠르게 많이 읽는 독서보다 천천히 깊게 읽는 독서로/ 방황하는 독서에서 방향 잡는 독서로

독서 교육을 하면서 우리는 고민하지 않았습니다. 그저 읽으라고만 하다가 문득 지쳐 돌아보면 뭔가 개운하지 못한 마음만 가득했습니다. 좋은 책 한 권 읽고, 친구에게 권하고, 같이 읽고 공부하는 것이 힘들었습니다. 늘 무엇인가에 목 말랐고 아이들을 가르친다는 것이 무엇인가, 하는 생각만 넘쳤습니다. 이런저런 고민 끝에 자료를 만들어 아이들에게 제공하지만 늘 목울대에 걸리는 것이 있었습니다. 그것은 바로 독서 교육의 철학에 대한 것이었습니다. '나는 왜 이 책을 읽으려고 하는 것인가?', '왜 우리 아이들에게 이런 책을 읽혀야 하는 것인가?'에 대한 물음이었습니다.

교육에 대한 따가운 지적이 많습니다. 특히 독서 교육에 대해서는 너무 많아 어디서부터 손을 대야 할지 모를 정도입니다. 그 가운데서도 분명한 것은 '수단으로서의 독서'는 이젠 아니라는 판단입니다. 진학을 위해서, 수행 평가를 위해서, 골든벨을 울리기 위해서 수단으로 읽은 책은 우리를 성숙한 사람으로 만들기보다는 경쟁심과 혼란함만 갖게 하였습니다.

이 장에서는 우리의 독서 교육이 나아가야 할 방향에 대해 이야기하고자 합니다. 다르게 말하면 이는 '출력 독서'가 필요한 이유이기도 합니다. 독서는 분명 '입력'입니다. 우리가 아는 '출력'은 말하기와 쓰기입니다. 그러나 우리는 출력보다 입력에 모든 것을 걸었습니다. 잘 먹고 많이 먹지만 배출이 안 되는 심각한 문제가 여기저기서 보입니다. 자신의 생각을 자신의 말과 글로 출력하지 못합니다. 마치 다른 사람의 생각이 내 생각이고 주장인 것처럼 포장하고, 이용하고, 악용하고, 자기만의 것으로 주장하고 강요합니다. 사회의 모든 것들이 변해가듯이, 독서도 입력을 우선하는 방향에서 벗어나 출력을 우선하는 방향으로 나아가야 합니다.

01
수단으로서의 독서에서
성숙한 독서로

어떤 학생은 너무 많이 배우려고 이것저것 나대다가 산만해진다. 어떤 학생은 너무 적게 배우려고만 하여 자신의 능력을 계발하지 않는다. 어떤 학생은 쉬운 것만 좋아하여 포괄적인 지식에 도달하지 못한다. 어떤 학생은 지식을 너무 좁게 한정시켜 편협하게 되고 만다.

동양 고전 중 하나인《대학》의 '학기' 편에 나오는 내용입니다. '학자사실學者四失'에 대한 것으로 배우는 자가 놓치는 네 가지를 말하고 있습니다. 호랑이 담배 피던 시절보다 더 오래된 이야기지만 지금의 학생들에게 하는 말인 듯해서 읽다가 깜짝 놀랐습니다. 참으로 명쾌한 지적입니다. 입신양명이 최고의 가치로 여겨지던 때에도 독서는 중요한 덕목이었습니다. 오로지 독서만이 살 길이였습니다. 천자문을 깨치고 난 후《소학》부터 시작한 책 읽기는 그 어렵다는《사서삼경》을 다 읽어야 겨우 마칠 수 있었으니 말입니다.

1년에 겨우 두 번 정도 치르는 과거시험을 위해서 책을 거의 암송하던 시절의 이야기입니다. 과거시험장에 도착하여 시제를 받아들고 암송한 책 내용을 바탕으로 자신의 생각을 펼쳐놓아야 했습니다. 엄격한 심사를 거쳐서 임금의 면접까지 마쳐야 급제를 했죠. 어사화를 머리에 꽂고 금의환향하여 동네 사람들의 칭송을 받습니다. 나라에서 상으로 내려준 땅을 일구고 나라의 일을 했습니다. 한 개인의 인생 최고봉이었을 것이고, 온 가문의 영광이었겠지요. 가문에서 학업에 열중하고 책 읽기를 게을리하지 않았던 자식을 고르고 골라 집중 교육을 한 결과였으니 말입니다. 이마저도 양반이라고 불리는 집안의 이야기였습니다. "아비를 아비라 부르지 못하고 형을 형이라고 부르지 못하는" 홍길동 같은 서자는 언감생심 꿈도 꾸기 힘든 시절의 이야기입니다. 당시만 해도 독서는 서민보다는 양반들의 입신양명을 위한 수단이었습니다.

그렇다면 요즘 부모들은 왜 아이에게 독서를 강조하는 것일까요? 예전처럼 과거시험을 보는 것도 아니고 말입니다. 많은 부모들이 아이에게 독서를 권하는 이유에는 숨겨진 진실이 있습니다. 그들이 바라는 독서는 아이가 더 나은 상급 학교에 진학하게 하기 위해 마련한 '수단으로서의 독서'입니다. 좋은 인간이 되기 위한 훈련의 수단으로의 독서, 능력을 갖춘 혹은 능력을 인정받고 싶은 성취의 수단으로서의 독서입니다. 특히나 대학 입학에 필요한 여러 가지 스펙 가운데 하나로 자리 잡은 학생 생활기록부에 독서 이력이 없다면 원하는 상급 학교 진학이 거의 불가능하다는 판단이, 이런 방식의 독서에 면죄부를 부여하고 있는 현실입니다.

'학자사실'의 첫 번째 내용인 '어떤 학생은 너무 많이 배우려고 이것저것 나대다가 산만해진다'의 경우라면 이것저것 아무 책이나 의미 없이 읽고 마는 학생일 듯합니다. 독서량이 많은 것 같지만 그 속을 들여다보면 아무것도 없는 학생입니다. 책을 '읽었다'기 보다는 '보았다'는 말이 어울리는 학생이죠. 현실적으로는 '너무 적게 배우려고만 하여 자신의 능력을 계발하지 않는' 학생이 다수일 듯합니다. 지시한 것만 혹은 숙제만 겨우 하고 나서 다 했다고 하는 학생들 말입니다.

그러나 부모가 진심으로 걱정하는 아이는 아래의 두 가지 항목에 해당하는 학생이 아닐까요? 쉬운 것만 좋아하여 포괄적인 지식에 도달하지 못하고, 지식을 너무 좁게 한정시켜 편협하게 되고 마는 학생말입니다. 결론적으로 이 두 학생은 가볍고 쉬운 것에 매달립니다. 지금의 세태와 다를 바 없지요. 책을 읽었는데도 '가벼우면서 편협한 지식을 가진 학생'이 내 아이이기를 기대하는 부모는 없습니다. 그렇다면 문제 해결을 어떻게 해야 할까요?

달라져야겠지요? 세상이 변하는 속도는 너무나 빠릅니다. 정신을 차리기 힘들 정도입니다. 매체나 기기만 변하는 것이 아니라 사람의 심리, 문화, 감정, 경제 등 모든 것이 변합니다. 변화가 제일의 가치가 되었습니다. 이에 발맞춰 기대하는 인간상도 변합니다. 20세기가 '성장사회'였다면 21세기는 '성숙사회'라고 합니다. 모두 성장을 추구하던 사회에서 개개인의 행복과 가치를 추구하는 사회로 변해가고 있습니다.

독서도 변하고 있습니다. 모두가 같은 책을 읽던 과거의 모습에서 벗어나고 있습니다. 각자가 추구하는 삶의 방향이나 성향, 취미 등의 내용이나 방향이 같을 수 없는 사회입니다. 개인의 학력보다 개인이 가진 능력을 우선합니다. 이른바 역량 개발의 시대입니다. '얼마나 알고 있는가'보다 '무엇을 할 수 있는가'를 우선합니다. 책을 얼마나 많이 읽었는지로 평가하는 시대는 지나갔다는 의미이기도 합니다. 독서량보다는 얼마나 깊은 생각을 가지고 어떻게 읽었는가를 더 중요한 가치로 여기는 시대가 된 것입니다.

모두가 관심을 가지는 대학 입학 전형에서조차 학과를 선택하게 된 동기와 목적을 어떤 책에서 어떻게 찾게 되었는가를 중요하게 평가합니다. 이른바 '진로 독서'입니다. 아이가 대학 전공과목을 선택하기 위해서 다른 사람보다 몇 권을 더 읽었는지는 이제 그리 중요한 가치가 아니라는 것이 증명되고 있습니다. 내 아이가 책에서 어떤 동기를 얻고 어떤 내용에 대해서 관심을 갖게 되었으며 어떤 문제를 자신의 학업 과제로 선정하게 되어 공부하려고 하는가를 입학 전형의 중요한 평가 기준으로 삼게 된 것입니다. 이러한 기준으로 보면 앞서 이야기한 '수단으로서의 독서'는 잘못된 독서라는 것을 알게 됩니다. 책에서 문제를 발견하고 아이디어를 얻으며 창의적인 사고와 해결법을 찾아내는, 성숙한 인간을 위한 독서로 바뀌어야 합니다.

02
답을 찾는 독서에서
질문하는 독서로

 아직도 독서를 하며 정답을 찾고 있나요? 학생들이 하는 많은 독후 활동 중에 '독서 골든벨'이라는 것이 있습니다. 고등학생들을 대상으로 하는 텔레비전 프로그램의 퀴즈 형식을 빌린 것입니다. 모든 학생들이 같은 책을 읽고 그 안의 내용을 문제 형식으로 출제하면 책 속에 나오는 답을 작은 칠판에 적어 맞추는 것입니다. 답을 틀리지 않고 마지막까지 남은 학생이 1등이 됩니다. 이렇게 해서라도 아이들에게 책을 읽혀야겠다는 마음은 이해가 갑니다. 그러나 필자는 이러한 활동에 찬성하지 않습니다. 이는 문제풀이만을 위한 독서에 지나지 않습니다. 출제자가 낸 문제를 정확하게 맞혀야 정답으로 인정받습니다. 내가 읽은 책이 문제집이 되는 것입니다. 과연 그 정답은 옳은 것일까요? 책 속에 등장하는 인물이나 만난 사람의 이름, 죽어서 묻힌 장소가 그렇게까지 중요할까요? 정답을 외운다한들 어디에 도움이 될까요?

 《성경》은 변하지 않는 텍스트입니다. 그러나 내 아이가 읽고 있는 책들은 언제든지 변화가 가능한 텍스트입니다. 오늘 읽은 과학 정보가 내일은 잘못된 정보가 될 수도 있는 세상입니다. 시대에 따라 위인의 평가가 달라지기도 합니다. 자신이 읽은 고전에 대해 다른 사람과 이야기해보면 얼마든지 다르게 해석될 수도 있습니다. 그것이 책입니다. 그래서 《강아지 똥》의 저자 권정생 선생은 "좋은 책이란 읽고 나면 마음이 불편해지는 책"이라고 하셨습니다. 책을 읽고 났는데 마음이 풍요로워지지 않고 불편해지다니요? 마음이 불편해진다는 것은 무엇을 의미할까요?

내가 알고 있고, 경험한 것이 다르게 해석되고 다른 것일 수 있다는 것입니다. 내가 아는 그 위인이 다른 학자나 이론에 의하면, 전혀 반대의 입장을 가진 사람이 되기도 합니다. 내가 알고 있는 환경 문제는 거대 자본의 논리에 이끌린 것일 수 있다는 것입니다. 이렇게 되면 마음이 불편해집니다. 그리고 생각이 복잡해집니다. 마치 미로 속을 헤매는 듯합니다. 이런 책을 읽었다면 정말로 좋은 책을 읽은 것입니다. 미로 속에서 혼자 탈출구를 찾기 위해 노력하는 자신의 모습을 볼 것이고, 지금과는 다른 생각과 행동을 하는 자신을 보게 될 것이기 때문입니다. 내 아이에게 정답을 요구하지 마세요. 특히 책의 내용을 절대시하는 독서는 되도록 피해야 합니다.

책은 사람을 변하게 합니다. 책을 읽기 전의 내 아이와 읽고 난 후의 내 아이는 달라져야 합니다. 마음도, 태도도, 생각도 달라져야 합니다. 이른바 '변신'입니다. 그릇이나 운동화나 옷에 때가 묻으면 온갖 세제를 동원해서 벗겨내려고 노력합니다. 한 번에 안 되면 두 번, 세 번을 해서라도 말입니다. 그런데 내 아이가 가진 잘못된 편견이나 선입견, 인식 등은 고치려 하지 않습니다. 다른 나라 사람을 보는 인식이나 이해의 수준, 다른 종교를 가진 사람을 대하는 태도, 피부색이 다른 사람을 대하는 인식 등이 내 머리나 가슴속에 잘못 입력되어 있다면 찌든 때와 같은 것이겠지요. 독서는 찌든 때를 벗겨내는 강력한 세제 같은 것입니다. 책을 읽고 불편해진 부분에 대해 생각하고 질문하다 보면 이런 때들이 벗겨지고, 다 읽고 나면 달라진 나를 다시 만나게 됩니다.

그렇다면 내 아이는 책에 대해 질문할 수 있을까요? '책에 대해 내가 감히'라고 생각하는 아이들이 많습니다. 마치 지엄한 대상을 보듯이 합니다. 그래서 밑줄도 긋지 않고 작은 메모도 없이 다 읽은 책들이 많습니다. 성경책도 중요한 내용은 줄을 치면서 읽는데, 내가 읽은 책은 마치 신주단지 모시듯 하는 아이들이 많습니다. 침을 묻혀서도 안 되고, 접어도 안 되고, 밑줄은 더더욱 안 됩니다. 그러다 보니 책을 '보기'만 하지 '읽지' 않는 현상이 나타납니다. 본 기억만 있지 그 책에서 '무엇'을 생각하고 궁금해했는가는 중요하지 않습니다. 이런 결과로 책에 대해 질문하지 않는 아이들이 생겨납니다.

독서는 독자와 저자와의 싸움입니다. 그 싸움은 질문에서 시작합니다. 읽다가 궁금하면 아주 작은 것이라도 책에 표시하고 질문하고 이유와 근거를 찾으려고 노력해야 합니다. 이것이 책과의 싸움입니다. 다 읽고 나서 그런 부분만을 다시 읽어도 좋습니다. 참고서나 문

제집은 '답'을 제시합니다. 그러나 좋은 책은 내 아이에게 '물음'을
던집니다. '강아지 똥은 왜 땅 속으로 들어가서 뭉개지고 봄이 되어
서야 다시 거름이 되어 민들레를 피게 하였을까?', '마당을 나온 암
탉은 왜 괴로운 고통의 시간을 혼자 견뎌내고 있을까?', '까마귀 소
년은 혼자만의 고통스러운 시간을 어떻게 이겨냈을까?' 묻습니다.
이런 물음에 대해서 자신만의 질문을 과감하게 던지는 아이가 되
어야 합니다. 아무리 사소한 질문이라도 그 질문은 오로지 내 아이
만의 생각이라 귀중하고 소중합니다. 읽으며 질문하지 않는 책은
내 아이에게 필요 없는 책일 가능성이 높습니다.

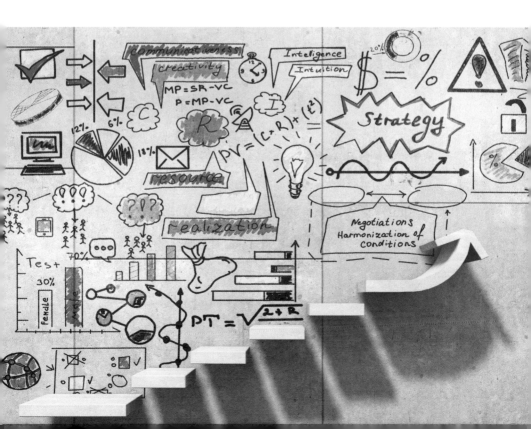

03
의미를 파악하는 독서에서
의미를 창조하는 독서로

책은 매체 중에서 역사가 오래된 것입니다. 그러나 모양은 예나 지금이나 큰 변화가 없습니다. 현란하지도 않고 움직이지도 않으며 화려하지도 않습니다. 멀리서 리모컨으로 조작한다고 해서 책이 펼쳐지지 않습니다. 내가 손으로 잡고 '펼쳐야' 내용이 비로소 눈에 보이기 시작하고 그 뜻이 머릿속에 들어오게 됩니다. 책은 그 내용을 아는 일이 다른 매체보다 복잡하고 자신의 노력과 의지가 들어가야 합니다. 새로운 매체들이 하루가 다르게 현란한 유혹을 해와도 책이란 매체는 꿈쩍도 하지 않습니다.

또한 책은 문자라는 '기호'로 되어 있습니다. 움직이지도 않습니다. 그 기호인 문자를 독해할 수 있어야 합니다. 글자만 알아서도 안 됩니다. 뜻을 알아야 합니다. 그 뜻이 과거의 내 경험이나 지식과 어떻게 연결되는가도 살펴야 합니다. 책을 펼쳐서 줄줄 읽다 모르는 단어가 나오면 잠시 멈춰 '어, 뭐지?' 하면서 고민도 해야 합니다. 책 속에 등장하는 문제의 원인과 결과도, 인물들의 관계와 갈

등도, 문제 해결 방법도 살펴야 합니다. 저자가 그렇게 주장하는 이유와 근거도 찾아야 합니다. 이러한 과정을 우리는 '의미를 파악하는 과정'이라고 부릅니다. 책을 읽으며 이러한 과정을 통해야 비로소 내 책이 됩니다. 그러나 의미 파악에서만 그친다면 책은 단순한 매체일 뿐입니다.

태어나서 글자를 깨치고 손가락으로 글자를 짚어가며 책을 읽던 아이들이, 이제는 자라서 좋아하는 책을 읽고 독후감도 씁니다. 부족하지만 시간이 나면 책을 읽으려고도 합니다. 대견하지 않나요? 여기까지가 '의미 파악'의 수준입니다. 책을 읽는 모든 사람들은 의미 파악 정도의 수준은 다 하고 있습니다. 성숙한 독자가 되려면, 나아가 다른 사람과 차별화된 독서 능력을 갖추려면 의미를 파악하는 수준에서 나아가 의미를 '창조'하는 수준이 되어야 합니다.

책은 독자에게 영향을 끼칩니다. 그러나 의미 있는 독서를 위해서는 책을 읽으며 영향을 받기만 할 것이 아니라 자신의 생각이나 감정, 느낌 혹은 하고 싶은 이야기를 창조해내는 능력이 필요합니다. 이것이 의미를 창조하는 단계의 독서입니다. 그렇다고 '지금 내 아이가 책을 써야 하는가?'라고 고민하지 마십시오. 언젠가 책을 쓸 수 있는 능력을 갖추면 됩니다. 내 아이가 책을 쓴다고요? 왜요? 안 되나요? 책을 전문직에 종사하거나 지식이 많은 사람만 써야 한다고 생각하지 마시기 바랍니다. 내 아이만의 질문이 있다면 책을 쓰는 일은 언제든지 가능합니다. 실제로 초등학교 3학년생이 쓴 책이 있습니다. 알렉 그레븐이 쓴《How to Talk to Girls》라는 제목의 책은 우리나라에서 《여친에게 말 걸기》(소담주니어)라는 제목으로 번역 출판되기도 했습니다. 문제는 사물을 보는 문제의식이고 의미를 창조하고자 하는 의지입니다.

　의미 파악을 위한 독서에서 의미를 창조하는 독서로 나아가기 위해서는 우리 아이들도 변해야 합니다. 어른들이 써준 책에서 지식을 얻고 마음의 변화를 느꼈다면 이제는 의미를 창조하는 자세도 가질 수 있을 것입니다. 그것이 진정한 독서의 완성이라고 생각합니다. 자신만의 생각을 책으로 엮어 다른 사람들에게 알리는 것도 의미를 창조하는 좋은 방법입니다. 나만의 생각과 주장을 글쓰기라는 표현 수단과 책이라는 매체를 통해서 '모두'에게 알리는 것입니다. 일기를 모아도 책이 되고, 사진을 모아도 책이 되고, 독후감도 책이 됩니다. 그림책은 어떨까요? 책을 읽으며 생각했던 자신만의 질문을 모아도 좋은 책이 되지 않을까요? '나는 책을 통해서 이런 궁금증이 생겼고 이런 궁금증을 다른 책이나 경험을 통해서 이렇게 해결했'고 기록하는 것도 의미 창조의 과정입니다. 나이가 많아야 책을 쓰는 것이 아닙니다. 지식이 많아야 책을 쓰는 것이 아닙니다. 책을 낸다는 것이 반드시 상업적인 출판을 의미하는 것은 아닙니다. 일정 기간 자신의 생각을 다양한 방법으로 정리한다는 의미도 있습니다. '생각의 묶음'이라고 해도 좋을 듯합니다. '가족 신문'도 하나의 방법입니다. 책을 통해서 의미를 창조하는 것이지요. 어렵게 생각하지 말고 이제는 도전해보기 바랍니다.

04
단순한 독서에서
종합적인 사고력를 키우는 독서로

출발점이 정확해야 도달점도 분명하게 보입니다. 다른 사람들이 가는 길이어서 내 아이가 따라간다면 중간에 돌아설 확률이 높습니다. 내 아이의 출발점을 분명하게 알아야 합니다. 독서 출발점을 분명하게 알기 위해서는 현재의 나이, 학년, 지적 수준, 이해 정도, 좋아하는 책의 분야와 성향, 체력 등을 살펴야 합니다. 이런 것을 가장 잘 아는 사람이 바로 부모입니다.

가장 먼저 확인해야 할 것은 내 아이가 현재 '읽기 위해 배우는 (Reading to Learn)' 단계인지, '배우기 위해 읽는(Learning to Read)' 단계

학자들은 독서를 크게 두 개의 영역으로 구분합니다. 국어 읽기 시간에 독서를 하는 것은 독서를 통한 학습(Learning to Read), 즉 독서 학습에 초점을 두고, 다른 교과에서 독서를 하는 것은 독서를 통한 학습(Reading to Learn), 즉 학습 독서에 초점을 둡니다. 학교 현장이나 독서에서는 이 두 가지를 병행하여 사용하고 있습니다. 주로 저학년은 독서 학습에 초점을 둔다면 고학년 이상은 학습 독서에 초점을 둡니다. 출력 독서는 학습 독서에 초점을 둡니다.

인지입니다. 아이가 초등학교 저학년이라면 무리하지 말아야 합니다. 아이는 현재 '읽기 위해 배우는' 단계이기 때문입니다. 이 단계는 책을 읽기 위해서 배우는 단계입니다. 글자를 배우고, 책 고르는 방법을 배우고, 책의 종류에 대해서 배우는 등 본격적인 독서를 준비하기 위한 배움의 단계입니다. 누구라도 그렇듯이 무언가를 배울 때 중요한 것은 기본기입니다. 그리고 배우는 내용에 대한 흥미를 잃지 말아야 합니다. 아이가 자전거를 처음 배울 때는 자전거를 타며 즐거워하는 사람들의 모습을 많이 보여주고 싶어집니다. 부모가 직접 시범을 보이기도 하고, 형제자매들이 응원하기도 합니다. 이 단계에서 중요한 것은 부모의 적극적인 응원과 시범입니다.

아이가 초등학교 고학년이라면 이야기는 조금 달라집니다. 독서 교육의 중요한 변환기는 초등학교 3학년에서 4학년 때입니다. 이 시기는 '배우기 위해 읽는' 단계입니다. 무엇인가를 배우기 위해 책을 읽고, 책을 통해 배우고 알아가는 본격적인 독서 단계입니다. 이 단계는 이때부터 시작해서 평생을 갑니다. 이 시기에도 전 단계와 같은 독서를 해야 한다면, 아이는 독서에서 멀어지게 됩니다. 만약 내 아이가 아직 이 단계에 이를 시기가 아니라면 시간을 두고 다시 시작해야 합니다. 자전거를 타지도 못하면서 다른 사람이 타는 자전거 뒤를 따라갈 수는 없습니다. 일정 기간 혼자 배우고 익혀야 합니다.

이 시기에는 책에 대한 관심이 많아집니다. 부모가 책을 골라주던 시기를 지나, 친구나 개인의 관심사에 맞는 책을 선택합니다. 그리고 부모에게 말하기 어려운 주제의 책도 읽어보려고 호기심을 갖습니다. 몰래 훔쳐 읽기도 합니다. 이제는 흥미보다 자신의 관심 영역을 확대해가는 독서를 합니다. 이럴 때 부모가 손을 놓게 되면 엉뚱한 방향으로 가게 됩니다. 특정한 분야의 책에 빠지게 되거나 읽고 싶은 책만 읽게 되기도 합니다. 자신의 관심사나 영역에 대한 지나친 몰입은 위험을 동반합니다. 아이가 홀로 서기에는 아직 어리고 안전하지 못한 것이 사실입니다. 자전거를 잘 타는 사람은 언제나 안전을 최우선으로 합니다. 가까운 곳일지라도 안전모를 착용하고 자전거를 살피고 주변의 환경과 도로 사정, 자신의 몸 상태를 살핍니다. 독서에도 이런 자세가 필요합니다. 자신이 읽은 책에 대한 정보나 내용, 간단한 평가를 기록하는 것입니다. 할 수 있다면 다음에 읽어야 할 책과 자신의 진로 등에 필요한 책을 살펴가면서 독서를 하는 것도 좋습니다.

독서를 통해 길러지는 능력이 있습니다. 이해력, 판단력, 통찰력, 분석력, 사고력, 창의력 등입니다. 독서를 통해 이러한 힘들이 어떻게 길러지는지《홍길동》을 예로 살펴보겠습니다.

이해력은 책을 읽기 전에 저자 소개나 광고 등에 있는 정보를 통해서 책의 내용을 이해하는 것을 말합니다. 이것은 사전 이해에 해당합니다. 본격적으로 책을 읽으면서는 주인공이 부모와 갈등을 갖게 된 이유를 이해하고, 홍길동이 "아비를 아비라 부르지 못하고 형을 형이라고 부르지 못하는" 시대적 배경을 알게 됩니다.

판단력은 책을 읽으며 홍길동의 행동이나 대사, 저자 허균의 설명을 통해 등장인물들의 옳고 그름이나 선하고 악함을 판단하고, 나아가 주제를 생각해볼 수 있는 능력입니다.

통찰력은 이러한 주제를 가진 책들의 공통점을 살펴보고, 저자의 의도를 살피는 것입니다. 저자 허균의 사회적 신분이나 그와 비슷한 신분을 가진 사람들이 가졌을 심리 상태를 헤아려본다면 허균이 《홍길동》을 한글로 쓴 이유도 알 수 있을 것입니다.

마지막으로 분석력입니다. 《홍길동》 속 등장인물의 특징과 사건, 시대적 배경을 서로 연결해보면서, 당시의 사회 분위기를 살펴볼 수 있습니다. 아울러 이런 시대의 역사를 사실적으로 파악하고 분석해봄으로써 관련 지식이나 정보에 대한 새로운 시각도 가질 수 있게 됩니다.

이 능력들은 한 권의 책이 우리에게 던져주는, 그리고 우리가 책을 통해서 기를 수 있는 수준 높은 사고 활동입니다. 아이들의 학업이나 생활, 나아가 성인이 되어 사회생활을 하는 데에 꼭 필요한 능력이기도 하고요. 이러한 능력은 독서를 통해 생각하는 연습을 많이 함으로써 극대화할 수 있습니다. 그렇지 못하다면 독서는 이미 오래전부터 존재하지 않았을 것입니다.

05
입력만을 위한 독서에서
출력을 위한 독서로

출력Output과 입력Input 중에 어느 것을 먼저 해야 할까요? 듣기와 읽기는 언어활동 중에서 입력 활동에 해당합니다. 내가 보고, 듣고, 읽은 정보들이 내 안으로 '들어오는' 활동입니다. 많이 긴장하지 않고도 할 수 있는 활동입니다. 대부분의 사람들이 아무런 장치없이도 다양한 소리를 들을 수 있으며, 볼 수 있습니다. 다만 읽기는 자신의 생각과 노력과 의지가 필요한 활동입니다.

문제는 출력입니다. 언어 영역 중에 쓰기와 말하기는 출력에 해당하는 활동입니다. 사람들은 이 활동을 힘들어합니다. 논리적인 생각과 자신의 주장이 필요하기 때문입니다. 무엇에 대해 말해본 경험이있다면 쉽게 이해할 것입니다. 쓰기는 더 말할 필요도 없고요. 쓰기는 '출력의 결정체'입니다. 타당한 주장에 논리적이고 설득력 있는근거가 뒷받침되지 않으면 글이 되지 않습니다. 모든 글이 가진 속성입니다. 상대를 설득하고 논리적이어야 글이라고 부릅니다. 독서의 목적을 생각해본다면, 최종적으로 말하기와 쓰기로 정리됩니다. 어떻게 보면 쓰기 위해 읽는 것이라고도 할 수 있습니다. 쓰다 보면 자신이 쓰고자 하는 주제에 대해 얼마나 알고 있는지, 부족한 정보가 무엇인지 자연스럽게 알게 되기 때문입니다.

오랫동안 우리는 아이들에게 쓰기보다 읽기에 치중하라고 강요했습니다. 읽기와 쓰기는 동전의 양면과도 같습니다. 읽기가 '수용'이라면 쓰기는 '창조'입니다. 읽기가 '수비'라면 쓰기는 '공격'이며, 읽기가 '수동적'이라면 쓰기는 '능동적'인 행위입니다. 아이들이 좋아하는 수업은 스스로 주인정신을 가지고 참여하는 능동적인 수업입니다. 그런 수업에는 적극적인 의지를 보이고 참여합니다. 읽기도 본인의 의지가 투입되어야 합니다. 읽고 있는 글 속으로 들어가서 의미를 파내고 저자의 메시지를 찾아야 합니다. '이렇게 읽어라, 저렇게 읽어라!' 하는 문제풀이식 질문과 답에 익숙해지면 의미만을 수용하는 독자가 되고 말지요. 의미를 '창조'하는 독자가 되는 데 글쓰기만 한 것이 없습니다. 입력보다 출력에 중점을 두고 읽으면 지금까지의 독서 양상에 역전현상이 나타나게 됩니다. 읽는 자세나 방법, 또는 태도에 변화가 나타나기 때문입니다.

글을 쓰기 위해서 읽으려면 예전보다 더 집중해야 합니다. 중요하다고 판단한 부분에 밑줄을 긋고, 단락의 내용을 요약하고, 관련 자료를 확인하고, 저자의 주장에 근거를 찾아내는 노력을 자연스럽게 하게 됩니다. 예전보다 책을 더 자세하게 읽으려는 노력을 하게 됩니다. 누가 시키지 않았지만 읽기와 쓰기의 방식을 바꾸겠다는 생각만으로도 아이의 독서 활동에 변화가 일어나는 것입니다.

'책벌레'라고 불리는 사람 대부분이 좋은 글을 쓰는 것은 그러한 증거입니다. 최재천 교수, 서민 교수, 정민 교수 등은 오래전부터 책벌레로 알려져 있었습니다. 우리는 그들을 다양한 분야의 저자라고도 알고 있습니다. 내 아이에게 이를 알게 하기 위한 좋은 방법은 책을 읽고 독후감이나 서평을 써보게 하는 것입니다. 간단한 예로 아이가 읽은 책의 내용을 '이 이야기는 ○○가 ○○에 의해 ○○ 되어가는/되는 이야기다'라는 틀에 맞게 정리해 써보게 하는 것도 좋습니다. 간단해 보이지만 빈칸을 채우기 위해 생각을 조금씩 확장하다 보면 이야기를 독해하고 해석하는 데 상당한 도움이 된다는 사실을 발견하게 됩니다. 서툴지만 이렇게 시작하고 나면 다른 아이보다 더 깊이 있는 독서와 쓰기를 병행하게 되어서 일석이조의 효과를 얻을 수 있습니다. 쓰기 위해 읽는 방법을 시도해보기 바랍니다. 그리고 내 아이가 어떤 변화를 보이는지 관찰해보기 바랍니다.

06
빠르게 많이 읽는 독서보다
천천히 깊게 읽는 독서로

　학교에서 독서 교육을 할 때 양에 치중하는 모습을 자주 봅니다. 얼마나 많이 읽었는가를 우선해서 시상하는 학교도 많습니다. 차이가 있긴 하지만 대략 1년 동안 읽은 책이 0~30권인 학생과 30~50권인 학생, 50~70권인 학생, 그 이상인 학생으로 구분하여 독서장 제도를 실시합니다. 메달을 수여하기도 합니다. 책을 읽고 자유로운 형식의 독후감으로 담임교사의 확인을 받으면 시상을 합니다. 일단 '많이 읽으면 좋다'는 생각이 지배적인 것 같습니다. 과연 많이 읽으면 좋은 것일까요?

　양이 많아지면 질적인 변화를 가져온다는 '양질변환의 법칙'이 있기는 합니다. 같은 책을 100번 읽으면 뜻을 알게 된다는 '독서백편의자현讀書百遍義自見'이라는 말도 있습니다. 그러나 이런 독서 방법은 '양이 우선하고 성장이 우선되고 빠름이 최고'의 가치로 인정받던 시절의 이야기입니다. 그렇다고 책을 읽지 말라는 뜻은 아닙니다. 그러나 수준의 문제도 중요합니다.

아이의 독서량이 일주일에 두 권 정도라면 일 년에 약 100권 내외가 됩니다. 초등학생의 경우 읽어야 하는 책의 쪽수가 그리 많이 않아서 저학년인 경우 하루 두 권 정도 혹은 일주일에 서너 권 정도의 읽기는 가능합니다. 개인차가 있기는 하지만 필자의 경험으로는 4~5학년정도면 대략 일주일에 한두 권 정도가 적정한 수준인 듯합니다. 그마저도 읽지 못하는 가장 큰 원인을 학생들은 '학원 때문'이라고 말합니다. 초등학생들이 읽는 책의 평균 쪽수는 약 150쪽 내외입니다. 번역서는 200쪽을 넘기기도 하지만, 이는 아주 특별한 경우입니다. 120분 정도면 150~180쪽 분량의 책 한 권을 읽게 됩니다. 두 시간 정도의 집중력이 있다면 하루에 읽기 한 권 정도는 가능한 셈이지요. 물론 주말이나 방학 기간에는 더 집중해서 읽을 수 있겠죠. 개인 성향이나 체력 혹은 지적인 여건이나 가정 환경도 변수가 되긴 합니다. 그만큼의 집중력을 길러주기 위해서 필자는 책 한 권을 읽는 시간으로 '자기 학년 수×10~15분'을 제안했습니다. 이런 정도라면 초등학생들에게 무리가 안 되는 정도의 속도라는 것이 경험에서 얻은 결과입니다. 물론 개인적인 차이를 보이긴 하지만 대부분의 학생들이 이 정도 기준에는 부담을 크게 갖지 않습니다.

1998년 미국 시애틀 공공도서관을 중심으로 시작된 '한 도시 한 책 읽기 운동'은 지역사회가 대표 도서를 함께 읽고 토론하는 독서 캠페인입니다. 우리 같으면 더 많은 책을 읽자고 했을 텐데 단 한 권을 모든 시민이 집중적으로 읽는다고 하니 좀 이상하기도 합니다. 양을 우선하는 가치가 몸에 밴 관점에서 보면 아주 어색한 독서 캠페인입니다. 같은 차원에서 속독법이 유행하는 이유가 이해됩니다. 다른 사람보다 빠르게 읽으려는 이유는 다른 사람보다 많이 읽으려는 의도입니다. 속독의 고수는 1분에 1만 글자를 읽는다고 하지요. 놀라운 속도와 양입니다. 내용도 이해한다지요? 수능 언어 영역의 글자 수가 대략 4만에서 4만 5천 자 정도라는데, 넉넉 잡아도 10분이면 문제 풀이가 끝나는 셈입니다. 가능한 이야기인지 고민하게 됩니다.

그럼 왜 천천히 느긋하게 깊게 읽으라는 것일까요? 책도 많아지고, 다양해지는 세상이라면 빨리 많이 읽는 것이 좋은 것 아닐까요? 굳이 트렌드라고 할 것까지는 아니지만 분명한 것은 독서도 이제는 '천천히 그리고 깊게 읽자!'는 쪽으로 가는 듯합니다. 왜 양에서 질적인 변화로 가려고 할까요? 아니 그렇게 가야 할까요? 이는 독서로 길러야 할 상상력 때문입니다.

빨리 읽으면 지나치는 것이 많습니다. 빨리 읽으면 생각하고 읽지 않게 됩니다. 생각하고 읽지 않으니 의미를 모르고 그저 읽은 것처럼 됩니다. 생각하지 않으니 질문이 생기지 않습니다. 질문이 생기지 않으니 무덤덤해집니다. 책에서 말한 모든 것을 사실로 알고 그대로 믿게 됩니다. 상상력은 전혀 생기지 않습니다. 읽은 것을 모두 정답으로 알고 있으니 상상할 이유도 필요도 없게 되는 셈이지요. 독서가 종합적인 두뇌 활동을 필요로 하게 되는 이유는 바로 이런 순환 과정이 일어나기 때문이기도 합니다. 이 과정이 반복

되면 독서를 많이 했어도 머릿속이나 마음속에 남는 것은 그저 '나도 저 책을 읽었다!'는 것뿐입니다. 책을 읽고 상상력을 기른다는 것은 다리 없는 강 건너편에 사는 사람들의 이야기가 되는 것이지요. 초등학교 4학년 이상의 자녀를 둔 부모라면 이런 순환 과정에서 빨리 벗어나야 합니다.

07
방황하는 독서에서
방향 잡는 독서로

　문제는 속도보다 방향입니다. 독서도 마찬가지입니다. 앞서 말했듯 저학년에서는 독서에 대한 흥미와 관심을 갖는 게 중요합니다. 그러나 4학년 이상부터는 평생 배우면서 살아가야 하기 때문에 이에 필요한 채널로서 독서가 반드시 필요하다는 인식이 있어야 합니다. 그렇다면 내 아이의 진로를 여러 가지로 살펴보고, 선택하고, 결정하고 살아가는 데 방향성을 가진 독서가 필요하게 됩니다. 진로는 진학만을 의미하지 않습니다. 진학을 위한 독서라면 상급 학교 진학만을 목적으로 하는 수단적인 독서가 됩니다. 이런 독서는 목적을 달성하고 나면 절대로 책을 읽지 않게 됩니다. 원하는 삶의 방향과 일정한 기준이 없는 독서의 결과로 뜻하지 않은 실수와 잘못을 경험하기도 합니다. 방황하는 독서의 폐해에는 여러 가지가 있습니다.

　첫째, 정본보다 축약본을 급하게 읽게 됩니다. 바쁘기 때문에, 간편하기 때문에, 빨리 읽을 수 있기 때문에, 다른 아이보다 더 좋은 성적을 얻어야 하기 때문에 책을 참고서처럼 읽게 되는 것이지요. 이는 읽어야 하는 '좋은 책'이 정답을 요구하는 '참고서' 같은 역할을 하는 이상한 형태로 바뀌게 됩니다. 이런 독서는 오히려 '독'이 됩니다.

둘째, 읽어야 할 책에 대한 상상력이 없어집니다. 앞서 말했듯 독서가 주는 가장 큰 효과는 상상력입니다. 이것이 없다면 독서는 무의미해집니다. 단지 '읽었다'에서 그치게 됩니다. 무엇을 왜 읽었고, 그래서 무엇을 느끼고, 그런 감정으로 어떤 행동의 변화가 일어났는지를 아는 것이 독서입니다. 방황하는 독서, 즉 방향이 분명하지 않은 독서에서는 이러한 변화가 일어나지 않습니다. '읽기 전'과 '읽고 난 후'의 차이는 상상력의 차이에서 나타납니다. 그저 다른 사람과 다른 생각을 한다고 해서 상상력이 아닙니다. 상상력은 그 다음에 읽을 책을 자연스럽게 떠오르게 합니다. 주인공으로 인해서, 사건으로 인해서, 문제와 갈등의 해결에서 얻은 영감으로 인해서 읽고 싶고 읽어야 하는 책이 계속 떠오른다면 책에 대한 상상력이 매우 뛰어난 아이입니다. 과학 분야나 역사 분야의 책도 마찬가지입니다. 역사적인 사건의 영향으로 나타나는 문화 현상에 대한 이해를 위해 책을 읽는 것도 상상력이며, 과학적인 분쟁이나 논의에 대한 책을 읽고 그와 관련해 다양한 과학책을 읽게 되는 것 역시 상상력입니다.

마지막으로 많은 책을 읽기만 해서는 생각이 깊어지지 않습니다. 생각의 수준이나 내용이 늘 제자리걸음입니다. 다른 사람이 읽으니 나도 읽는다는 생각으로 책을 읽으면 생각이 깊어지거나 나만의 방향성을 가진 독서를 하기 힘듭니다.

목적지가 어디인지 모르고 가는 자동차는 바르게 갈 수 없습니다. 목적지가 분명하지 않은 곳으로 이동하는 운전자는 운전에 집중할 수 없습니다. 마찬가지로 방향성이 분명하지 않는 독서는 깊이 있는 독서가 될 수 없습니다. 내 아이의 깊이 없는 독서는 지식과 교양의 수준을 고스란히 드러냅니다. 지금의 문제라기보다 살아가면서 생기는 문제이기에 지금의 방향이 중요합니다. 이제 방황하지 말고 방향을 정해 독서를 해야 할 시기입니다. 내 아이의 '진학'이 아닌 '진로'를 위한 독서라는 생각을 바탕으로 방황하지 않고, 서두르지 않으며, 깊이 있는 방향을 가진 독서 능력을 키워주어야 합니다.

출력 독서력을 키우기 위한 독서

2장

좋은 차의 기준은 무엇일까요? 그중 하나로 출발 후 시속 100킬로미터에 이르는 시간을 본다고 합니다. 좋은 차는 시동을 걸고 출발하여 불과 몇 초 안에 시속 100킬로미터를 넘습니다. 엄청난 힘입니다. 독서에도 힘이 필요합니다. 우리는 그 힘을 '독서력'이라고 부릅니다.

'출력 독서'란 용어는 생소합니다. 그러나 그리 어려운 말이 아닙니다. 출력이란 말을 우리는 자주 사용합니다. '출력이 안 되어서 문제다', '출력을 올려야 한다', '출력이 좋아야 좋은 차다' 등. 출력은 입력과 다르게 밖으로 내놓는 힘입니다. 지금까지의 독서가 안으로 많이 쌓아놓으려고 했던 독서였다면 출력 독서는 적극적으로 드러내는 독서를 말합니다. 수많은 책을 읽었다고 말하지만 자신의 생각이 아니라 다른 사람의 생각이나 저자의 주장을 전달만 한다면 큰 문제입니다. 책을 읽고 자신이 무엇을 생각하고 무엇을 주장하는지가 더 중요합니다. 다른 사람들이 권하거나 많은 사람들이 읽은 책을 무작정 '많이, 빨리' 읽기보다는 '깊고, 바르게' 읽는 것이 출력 독서입니다.

그렇다면 출력 독서 완성을 위해 초등학교 단계에서 독서에 필요한 힘은 무엇일까요? 필자의 경험에 비추어 말하면 다음의 세 가지입니다. 그것은 읽을 책을 고르는 힘, 독서 방법을 아는 힘, 그리고 독서 전략의 힘입니다. 초등학교 졸업 전에 이 힘을 길러놓으면 계속해서 엄청난 출력을 갖게 됩니다.

상대에게 알맞은 책을 고르는 일은 쉽지 않습니다. 내 아이에게 필요한 책을 어떤 기준으로 선택하고 있는지 생각해보면 쉽게 이해가 됩니다. 옆집 아이가 읽어서, 교과서에 나와서, 서점 직원이 추천해서, 학교에서 권장해서 등 그 기준은 다양합니다. 그러나 다른 사람에 의해서가 아닌 자신만의 기준을 가지고 책을 선택하기란 쉽지 않습니다.

독서 방법도 마찬가지입니다. 선물로 받았으니까, 과제니까 읽어야만 하는 책이라고 하여 아무렇게나 무작정 읽고 맙니다. 여행에도 방법이 있고, 운동에도 방법이 있습니다. 그렇다면 당연히 독서에도 방법이 있을 것입니다. 이미지를 상상하면서 끊임없이 질문하며, 자신의 배경지식을 동원하여 읽는 방법을 알아야 합니다.

마지막으로 '과정 중심의 독서'를 통하여 자신만의 읽기 전략을 실천해야 합니다.

이를 위해 이번 장에서는 출력 독서력을 기르기 위해 필요한 책 선택 방법과 기준, 초등학교 단계에서 익혀야 하는 독서 방법, 마지막으로 과정 중심의 독서 전, 독서 중, 독서 후 전략 등을 이야기하며, 초등학교 단계에서의 구체적인 실천 방법을 살펴보고자 합니다.

01
출력 독서를 위한
책 고르기

아이들이 읽는 책은 어디서 찾을까요? 도서 목록지나 인터넷에서는 지금 학생들이 읽어야 하는 필독서라고 외칩니다. 학교나 상부기관에서도 책을 추천하며 좋은 책이라고만 하는데, 대체 무엇을 기준으로 좋은 책을 선정하는 것일까요? 문제는 그런 책들은 어른들이 쓴 것이고 어른들이 추천한다는 데 있습니다. 아이가 다니는 학교의 학생들이 직접 추천하는 책은 없습니다. 어른들이 만든 기준이 대부분이죠. 그 학년 또래의 학생이라면 '이 정도는 읽어주어야 한다'거나, '이 정도도 읽지 않는다면 문제'라는 압력(?)도 있습니다.

예전에 독서 교육을 하며 학생들에게 권했던 책은 교육과정 관련 도서가 암묵적인 '기준'이었습니다. 교과서에 수록되었다거나 교육과정의 평가 기준이나 수행 기준에 적합하다고 판단되는 책이면 학생들에게 권장되거나 추천되었습니다. 지금도 그렇습니다. 학교에서 보는 작은 시험도 반드시 평가 기준이 있습니다. 그런데 하물며 학생들의 진로나 인격 형성, 인성에 필요한 '책'을 선정하는 데 기준이 없다면 무엇으로 설명이 될까요? 이러다 보니 교과서 뒤편에 있는 '참고, 수록 도서'에 실리면 대부분 학생들에게 추천 대상이 되었습니다. 예를 들어 도덕과 교과서에 '용기'에 관련한 것이 있으면 용기를 주제로 하는 책이 추천되는 방식이었습니다. 그러나 용기를 주제로 하는 책은 너무도 많습니다. 왜 그 책인지 물으면 대답이 궁색합니다. 구체적인 기준이 없었기 때문입니다.

교육적인 목적으로 책 한 권을 추천하는 일은 쉽지 않습니다. 한 학기에 한 권의 책을 읽는다는 교육적 행위는 분명하고 논리적인 기준을 요구합니다. 이 기준을 갖추지 못한 채 이루어지는 독서는 교육적으로나 논리적으로 잘못된 독서 교육의 출발선에 선 것입니다. 그 출발점이 바로 책 선정이기에 여기에는 더욱 엄격하고 공정하며 교육적인 기준이 마련되어야 합니다. 이런 기준 없이 선정되는 책은 교사의 일방적인 교육적 요구에 의해 추천되는 책입니다. 학생들의 입장이나 흥미, 관심, 교육적 환경 등이 고려되지 못한 책은 이미 그 의미를 상실한 것입니다.

출력 독서는 좋은 책 고르기에서 출발합니다. 기준도 없이 선택한 책은 결승 지점을 모르고 달리는 마라톤 선수와 같습니다. 그러나 자신의 책을 일정한 기준을 가지고 선택하고 읽는다면 분명하고 확실한 방향을 알고 달리는 선수와 같습니다. 그런 선수는 자기 조절을 하면서 마라톤을 완주합니다. 자신의 체력, 선수들의 상태, 도로 사정 등을 생각하면서 달리는 선수는 훌륭한 성적으로 완주합니다. 다른 사람이 권해준 책이나 좋다는 책, 혹은 일방적으로 강요받은 책보다는 자신만의 기준을 만들어서 그 기준에 최적화된 책을 선택하여 읽는 습관이 필요합니다.

1) 책 선정이 중요한 이유

책 선정은 본격적으로 독서 교육을 시작할 때 누구나 고민하는 어려운 문제입니다. 사람들은 '좋은 책'과 '나쁜 책'이 있다고 말합니다. 학교에서는 '좋은 책'을 읽도록 적극 권장합니다. 도서관에 가보면 낡고 보기에도 초라한 책인데 '좋은 책'이라고 합니다. 반면에 표지도 화려하고 그림도 많은데 읽지 말라고 하기도 합니다. 책 표지에 '좋은 책'이라고 써놓은 것도 아닌데, 그 책이 좋은지 나쁜지 어떻게 알 수 있을까요? 교사와 부모, 아이들은 몹시 궁금합니다.

예를 들어봅시다. 내 아이가 친구를 사귈 때 좋은 친구와 나쁜 친구를 어떻게 구별하라고 하나요? 좋은 친구는 옷을 잘 입거나, 말을 잘하거나, 컴퓨터를 잘하거나, 영어를 잘하는 친구일까요? 사람을 겉모습만 보고 판단하기는 어렵습니다. 책도 마찬가지입니다. 좋은 책은 모든 사람들이 감동하고 다른 사람에게도 읽히기를 바라는 책입니다. 그런 책들은 시간이 지날수록 더욱 빛을 냅니다. 우리는 그것을 '고전'이라 부릅니다. '고전'이란 말에 고리타분하고 머리 아프다고 생각할지 모르겠지만, 이런 이름이 붙은 책이야 말로 수십 년간 혹은 수백 년 이상 사람들을 감동시키고 인류에 큰 영향을 준 책입니다. 그런데 그런 책은 어디서 어떻게 고를까요? '좋은 책'과 '나쁜 책'의 기준은 먼저 읽어본 사람의 기준일 수 있습니다. 많은 사람들이 오랜 시간 동안 읽어온 책은 분명히 좋은 책입니다. 수십 년 동안 많은 사람들의 사랑을 받아온 물건이나 과자처럼 말입니다. 책을 고르는 자신만의 기준이 없다면 그런 책을 먼저 읽어보는 것이 좋습니다. 많은 사람들에게 사랑받는 것에는 분명한 이유가 있습니다. 그런 책들을 읽다 보면 어느새 '좋은 책이란 이런 것이구나!' 하는 나름의 기준도 갖게 됩니다.

그렇다면 책은 어떤 기준으로 선정해야 할까요? 필자는 다음 글에서 몇 가지 선정 기준을 제시하고자 합니다. 이 기준은 초중고교의 학년별 혹은 교과에 따라 지도 교사나 담임교사의 판단에 의해 변동될 수도 있습니다. 그러나 책 선택 기준의 필요성을 인식하고 책을 선정하고 지도하는 과정은 반드시 필요합니다.

이 기준은 필자가 활동하고 있는 (사)책따세의 책 선정 기준이기도 합니다. 내용에 따라서 초등학교 수준에 적합 하도록 필자가 수정한 것임을 밝힙니다. 부모님들이 아이들의 책을 선택할 때 이 내용이나 선택 기준을 적절하게 변형하여 사용해도 좋겠습니다.

1부_출력 독서, 읽기

2) 책을 선정하는 기준

독서는 양의 문제가 아닙니다. 다른 아이보다 많은 양의 독서를 하는 아이보다 자신에게 필요한 책을 다양한 방법과 기준으로 읽는 아이가 좋은 독서 습관을 갖게 됩니다. 아이들에게 적합한 책이 무엇인지에 대한 논의는 아주 까다롭지만, 반드시 이루어져야 합니다. 독서 교육의 승패는 여기서 출발합니다. 교사가 목표와 방향을 설정하고 그 기준에 따라 아이들에게 책을 선택해주어야 하며, 그 기준을 바탕으로 책을 선택했을 때 실패를 최소화할 수 있다는 점에서도 책의 선택 기준은 중요합니다.

① 접근성

접근성이 높은 책은 아이들이 읽고 공감하기 쉽습니다. 아이들이 좋아하는 책과 부모들이 읽히고자 하는 책 사이에는 약간의 거리가 있지요. 한 예로 아이가 다니는 학교의 도서관 대출 내역과 시중의 아동용 도서 베스트셀러를 비교해보면 쉽게 알 수 있습니다. 학교 도서관에서 대출하는 책은 아이들이 읽고 싶은 책을 직접 선택한 것이지만, 시중에서 책을 구입할 때는 부모들이 책을 고르는 경우가 많기 때문입니다. 둘 사이에는 분명한 차이가 있고, 이 점을 부모들이 알고 아이들에게 접근해야 합니다. 접근성의 판단 기준은 책을 읽는 아이의 연령과 읽기 수준, 아이들의 정서와 주변 상황 등에 비추어 충분히 공감되고 수용되어야 합니다.

아무리 좋은 그림책일지라도 우리 문화와 정서에 차이가 있는 것은 큰 도움이 안 됩니다. 특히 외국에서 우수한 상을 받은 작품일지라도 우리 아이들에게 바람직한 문화가 담겨 있지 않다면 굳이 권할 필요는 없습니다. 반대로 우리 사회나 현재의 문화적인 현상의 부족한 면을 다루고 있는 책이라면 적극적으로 받아들이되 책을 읽는 아이의 여러 상황을 고려해서 선택해야 합니다.

②충실성

충실성은 책의 내용이 얼마나 풍부한가와 직결되는 문제입니다. 책에서 전달하고자 하는 주제를 온전하게 다루고 있는지, 저자가 직접 확인하고 조사한 자료로 구성되었는지 고려하는 것은 충실성 판단의 손쉬운 기준입니다.

다음으로 독자가 초등학생임을 고려하여 편집과 장정에서의 완결성을 충실성의 요소로 가늠해볼 수 있습니다. 즉, 본문의 그림과 글자의 적절한 배치, 보기 쉬운 글자의 크기와 종류, 그림이나 사진 자료의 저작권 존중 의지 등에 대해 두루 확인해보는 것이 좋습니다. 정서적인 안정과 흥미를 우선해야 하는 초등학생의 책이라면 그들을 위해 특별히 노력하였는지도 같이 살펴보면 좋습니다.

마지막으로 초등학생들이 주로 읽는 그림책이나 그림이 많은 책의 경우에는 책 속에 등장하는 그림의 의미 전달이 분명하게 드러나고 있는지를 따져보는 것도 중요합니다. 초등학교 전 학년에서 가장 많이 읽는 것은 문학 장르의 책입니다. 문학 장르의 책은 반드시 문학성을 함께 논의해야 하는데 그중에서도 문학이 담고 있는 상상력에 초점을 두고 살펴보는 것이 좋습니다.

③가독성

가독성은 책의 내용과 표현이 초등학생들에게 너무 어렵지는 않은지에 초점을 두고 살펴보아야 하는 기준입니다. 독서는 독자와 저자와의 자연스러운 만남이기 때문에 독자가 저자를 책 속에서 만날 수 있는가는 매우 중요한 문제입니다. 초등학생의 발달 단계에 맞지 않는 어려운 내용의 책을 추천하거나 필독서로 선정하는 것은 아이의 입장에서는 아무런 의미가 없습니다. 특히 초등학생을 대상으로 하는 책은 초등학생이 받아들일 수 있는 수준의 책이 가장 좋습니다.

한편 가독성의 또 다른 판단 기준은 내용을 얼마나 쉽게 전달하는지와 연관됩니다. 이러한 판단 기준 가운데 하나가 바로 저자의 문장력입니다. 아이들에게 권하는 책을 판단할 때에는 초등학생이 읽기 쉬운 문장을 구사하고 있는지, 정확한 문장을 구사하고 있는지 반드시 따져보아야 합니다. 지나치게 이해하기 어려운 문장이나 정확하지 않은 표현을 사용한 책은 아이들이 읽기에 적합하지 않다고 보아야 합니다.

④진솔성

진솔성은 아이가 읽을 책이 바람직한 삶의 가치와 의의를 담고 있는가에 관한 것입니다. 즉, 삶의 진솔성을 알게 하는 책인가를 살펴보는 것입니다. 특히 초등학교 단계에서 강조되는 가치인 '배려', '어울림', '상상', '바른 인성 갖추기', '사고력', '품성' 등을 키워주는 책인지 살펴보아야 합니다. 높은 학년일수록 자신을 포함한 가정과 지역 그리고 주변 환경에 대해서 보편적으로 갖춰야 할 기본적인 의식을 키워줄 수 있는 책이면 더욱 좋습니다. 또한 아이들이 이웃에 대해 관심을 갖고 그들의 삶에 귀 기울일 수 있도록 안내하는 것도 중요합니다.

진솔성이라는 준거에서 우리가 놓치지 말아야 할 것은 책 읽기 자체의 진솔성입니다. 학습력을 높이기 위한 수단이나 당장의 학업 성취를 이루기 위한 독서는 오래가지 못합니다. 독서 자체는 어렵고 힘든 일이지만 아이들이 좋아하는 게임도 레벨이 높을수록 재미있듯이 독서 자체를 즐기면서 자신의 것으로 체득해가는 진솔함이 있어야 진정한 의미의 독서가 이루어지는 것입니다.

⑤가치중립성

초등학생은 가치 기준이나 판단력이 아직 명확하게 확립되지 않았기 때문에 가치중립성은 매우 중요합니다. 초등학생에게 권하는 책들은 아이의 입장이나 의견보다는 부모의 의견이나 가치 판단이 앞서는 경우가 많습니다. 부모가 책을 선택하는 기준이 분명하지 않을 경우 아이들은 혼란스러워합니다. 요즘 초등학생을 대상으로 출판되는 책의 종류나 분야는 학생 수만큼이나 다양합니다.

종류도 많고 내용도 다양해서 자칫 부모의 판단 기준이나 가치 기준으로 책을 선택하여 아이에게 강요할 경우, 아이는 다양한 가치나 문화를 접하기보다는 누군가에 의해 강요되고 선택된 가치를 포함한 책을 읽을 가능성이 높아집니다. 이것은 아이에게 치명적인 일입니다.

책의 선택은 가치중립적인 주제나 내용을 전제로 하는 것이 좋고, 책을 읽는 아이의 입장에서 생각하고 판단해야 합니다. 잘못된 가치나 판단 기준으로 선정된 책을 읽게 되면 다른 책 읽기에도 나쁜 영향을 미칠 수 있기 때문입니다. 초등학생의 책이 가치중립적이지 못할 경우, 그리고 그 주제나 내용들이 편향적일 경우, 그것을 읽은 아이의 가치관에도 절대적인 영향을 주게 됩니다. 그러므로 초등학생들이 책을 바르게 선택하기 위해서는 가치중립적이고 객관적인 사실을 담고 있는 책들이 우선되어야 합니다.

이상의 내용들을 다음과 같은 표로 만들어서 책을 선정하는 기준으로 사용하면, 모든 아이들이 쉽게 이해하고 판단해 책을 선택할 수 있을 것입니다. 표의 항목을 읽고 점수를 낸 후, 이를 합산하여 총점의 80퍼센트 이상이 되는 책을 우선으로 선정하는 기준으로 삼으면 됩니다. 물론 선택의 기준이 되는 점수는 학년이나 아이들의 환경에 따라 달라질 수 있습니다. 이와 같은 과정의 책 선정은 아이들에게 자신들이 읽고 공부하는 데 필요한 책의 선정 기준을 직접 확인하게 함으로써, 책을 평가하는 기회와 책 선택의 기준을 알게 하는 데 교육적인 의미가 있습니다. 이렇게 선정된 책을 가지고 이제 본격적이고 체계적인 독서 활동을 시작해봅시다.

책 선정을 위한 체크리스트

기준	항목	척도 점수				
		5	4	3	2	1
접근성	독자의 국어 교과서에 등장하는 동화들과 비슷한 수준인가?					
	독자의 어휘력 수준으로 독해가 가능한가?					
	독자가 살고 있는 지역의 자연적인 환경이나 문화적인 환경을 잘 드러내고 있는가?					
	책의 무게나 쪽수가 독자가 소화하기에 적절한가?					
	보관이나 이동 그리고 손에 잡고 읽기에 적절한가?					
충실성	저자가 말하고자 하는 주제가 분명하게 드러나고 있는가?					
	글과 사진 그리고 자료들의 배치가 적절한가?					
	독자의 수준에 적절한 글자 크기를 사용하고 있는가?					
	그림이 조잡해서 독자가 상상하는 데 방해가 되지 않는가?					
	제본 상태와 편집 상태가 독자에게 적합한가?					

기준	항목	척도 점수				
		5	4	3	2	1
가독성	독자에게 친숙한 용어를 사용하고 있는가?					
	사실과 의견을 바르게 구분하며, 예시는 적절한가?					
	독자의 어휘 수준을 고려하고 있는가?					
	독자의 학년 수준에 적절한 내용인가?					
진솔성	독자의 생활과 연계가 가능한 이야기인가?					
	독자 주변의 사물이나 환경과 조화로운가?					
	사람들의 다양한 삶의 모습을 드러내고 있는가?					
	학습 능력을 높이기 위한 참고서적은 아닌가?					
	책의 내용이나 등장인물과 소통이 가능한가?					
가치중립성	저자가 상대방의 가치를 인정하고 배려하고 있는가?					
	저자의 주장의 근거가 적절하고 타당한가?					
	자료나 사진 등이 객관적이고 가치 지향적인가?					
	우리 사회의 문화나 다양성을 잘 드러내고 있는가?					
	독자의 수준으로도 이해할 수 있으며 가치 지향적인 내용인가?					
	객관적이고 가치중립적이며 상상력을 자극하고 있는가?					

02
출력 독서를 위한
독서 방법

글자만 겨우 깨친 아이가 책을 읽을 수 있다고 말할 수 있을까요? 손가락으로 한 글자 한 글자 짚어가면서 소리 내어 읽는 아이의 모습을 보면 기특하지만, 그것을 읽기라고 말하지는 않습니다. 그 아이는 글자를 보고 발음만 할 뿐입니다. '글을 읽는다'는 말의 의미는, 문자라는 기호가 담고 있는 뜻을 바르게 이해하는 과정을 말합니다. 즉, 단어가 담고 있는 생각과 뜻을 풀어서 글 전체가 담고 있는 내용을 파악하고 그 의미를 내 것으로 만들어가는 과정을 말합니다. 이것은 인간만이 가능한 지적 활동입니다.

초등학교에 입학하여 1학년을 지나 글자를 알게 되면 본격적인 글 읽기가 시작됩니다. 이 때 중요한 것은 올바른 읽기 방법을 배우는 것입니다. 글을 본격적으로 읽기 시작할 때 올바른 읽기 방법을 몸에 익히는 것은 좋은 독서력을 갖는 기본자세입니다.

이 단계 수준에서는 입력이 우선입니다. 글자를 알고 낱말의 뜻을 배우고 알아야 하며, 책의 종류나 다양함도 알아야 합니다. 높은

빌딩을 짓기 위해서 땅을 깊게 파는 것과 같은 이치입니다. 입력된 양이 많을수록 적은 자극에도 출력이 가능해집니다. 그러나 이런 시기는 저학년이 지나면 달라져야 합니다. 대체적으로 4학년부터는 입력보다는 출력을 위한 준비가 필요하고 연습이 필요한 시기입니다. 다시 말해 무엇인가를 앞으로 계속 배우기 위해서 독서는 기본이 되어야 합니다. 그런 독서는 쌓아두어야 하는 입력형 독서가 아닌, 자신의 생각을 끊임없이 드러내서 세상과 연결시켜 지식을 확대하고 다양하게 새로운 지식과 정보로 만들어가는 출력형 독서로 만들어가야 합니다.

이런 출력형 독서를 위해 초등학교 단계에서 익혀야 하는 읽기 방법으로는 감각적 이미지를 떠올리며 읽기, 질문하며 읽기, 배경지식을 활용하여 읽기가 있습니다. 지금부터 이 세 가지 방법에 대해 구체적으로 살펴보겠습니다.

1) 감각적 이미지를 떠올리며 읽자!

한 시간 동안 본 영화를 다른 아이에게 이야기할 경우, 한 시간 이상 이야기하는 아이가 있습니다. 듣고 있는 아이가 그 영화를 보고 있는 듯한 착각이 들 정도로 생생하게 이야기합니다. 이야기를 듣고 있는 아이들이 그 아이의 말하기에 정신을 잃을 정도입니다. 그 아이는 어떻게 이야기를 잘하는 것일까요? 이와는 반대로 짧은 영화를 보고 나서도 주인공이 누구인지, 어떤 내용인지 간단하게나마 이야기하지 못하는 아이들도 흔하게 볼 수 있습니다.

영화를 보고 이야기를 술술 풀어내는 아이들의 특징은 무엇일까요? 답은 간단합니다. 영화의 장면을 머릿속에 기억하고 그 장면을 그대로 머릿속에 그리면서 이야기로 풀어내는 것입니다. 그렇다면 독서도 그렇지 않을까요? 이렇게 책을 읽어가는 과정 속에서 책을 읽는 아이의 감각기관이 총동원되는데요. 이 과정을 연습한 아이의 사고 활동은 독서가 거듭될수록 점차 창의적인 활동으로 진행되어간다는 것을 알 수 있습니다.

즐거운 독서의 시작은 감각 이미지를 잘 떠올리는 데 있습니다. 아이들이 가장 많이 보고 좋아하는 텔레비전이나 영화, 게임, 인터넷 등은 화면에 나타나는 그림만을 일방적으로 보여줍니다. 하지만 책은 읽고 있는 아이의 머릿속에서 그 아이가 상상해 그리는 그림을 보여줍니다. 독서가 주는 '내 아이만의 자유로운 상상력'이라는 선물을 누가 마다할까요? 이것은 어려서부터 훈련해야 하고 습관으로 만들어야 합니다. 특히나 초등학교에서 이런 독서 습관을 길러야 합니다. 왜 이런 습관이 중요할까요?

책을 통해서 그려진 머릿속의 그림은 읽는 사람마다 다릅니다. 각자의 배경지식이나 경험에 따라서 다르게 그려지기 때문입니다. 중요한 점은 독서를 하면서 머릿속에 떠오른 하나의 이미지가 다른 이미지로 이어지며 책 속 내용을 보다 깊이 있게 이해할 수 있도록 도와준다는 점입니다.

또한 책 속 이미지를 상상하며 읽으면, 책을 읽는 스스로가 설레는 기분도 느끼게 됩니다. 그것은 뇌에 있는 감정을 조절하는 변연계의 활동이 활발해지기 때문입니다. 우리가 책을 읽으면서 다양한 감정 표현을 하는 것은 뇌 속에 있는 변연계의 활동 때문이라는 과학적인 분석이 있습니다.

아울러 이미지를 상상하며 읽으면 머릿속에서 3차원적인 인식이 가능해 독서가 더욱 재미있어집니다. 좋은 글은 스펙터클한 한 편의 영화를 보는 듯한 착각이 들 정도로 읽을수록 그 재미에 빠져들게 됩니다. 이런 상황이 자주 반복되다 보면 독서는 아주 쉬워지고 재미있어집니다.

마지막으로 글자의 뜻뿐 아니라 글 내용에 대한 추리도 가능하게 되어 마음의 눈으로 상상하게 되고, 머릿속에서 펼쳐지는 이미지의 폭이 점점 넓어지게 되는 것을 스스로 알게 됩니다. 책을 읽는데 머릿속에 이미지가 잘 떠오르지 않는다는 것은 지금 읽고 있는 글에 대한 이해가 멈췄다는 증거입니다. 그렇다면 내 아이가 책을 읽으면서 감각적 이미지를 떠올리고 있다는 증거는 무엇일까요?

①책을 읽어주는데 계속해서 책을 더 읽어달라고 할 때

이것은 그 아이의 눈앞에 책의 내용과 관련된 '무엇'이 보인다는 증거입니다. 이 순간을 놓치지 말고 아이와 함께 책을 읽어야 합니다.

②독서를 멈추고 지금까지의 줄거리를 말하라고 하면 서슴없이 말할 때

아이가 읽고 있는 책의 내용에 대해서 완전하게 몰입한 상태입니다. 누구든지 자신이 하고 있는 일이 무슨 목적으로 하는지, 그리고 그 일이 어떻게 진행되고 있는지를 알고 있다면 그 내용에 대한 이해는 쉽게 될 수밖에 없습니다.

③책을 읽으면서 울거나 웃으며 감정 표현을 다양하게 할 때

책을 읽으면서 키득거리거나, 울상을 짓거나, 무릎을 치는 경우입니다. 책의 내용에 몰입하여 자신도 모르게 다양한 감정 표현을 하게 되는 거죠. 이 경우 아이에게 말을 걸거나 독서를 중단시키지 말아야 합니다. 이때의 리듬이 깨지면 다시 독서에 집중하기 어렵기 때문입니다.

④읽고 있는 책의 다음 내용을 예상할 때

당연한 결과입니다. 이것은 이야기의 흐름을 알고 있다는 증거이기도 합니다. 다른 아이와 분명하게 차이가 나는 결과이기도 합니다. 이 경우는 마치 영화를 다시 보는 것처럼 읽는 속도도 빨라지며 읽기에 더욱 집중하게 됩니다.

⑤ 등장인물에 대해 자세히 묘사할 때

읽고 있는 책의 장면을 마치 눈으로 본 듯하게 설명하는 아이들이 있습니다. 등장인물을 중심 인물과 주변 인물로 나누어서 각 인물의 특징을 자세하게 설명하기도 합니다. 이런 아이들은 나중에 독후감도 훌륭하게 써냅니다.

⑥ 읽거나 들은 이야기를 넘어서서 자기만의 이야기를 스스로 만들어낼 때

스스로 이야기를 새롭게 만들거나 첨가하여 더 재미있는 이야기로 만드는 경우입니다. 앞에서 이야기한 것처럼 다른 아이들이 이 아이의 이야기를 더 듣고 싶어 하기도 합니다.

어떻게 하면 내 아이가 독서를 하며 책 속 장면을 상상해낼 수 있을까요? 그리고 그것을 어떻게 습관화할까요? 책 속 장면을 떠올리며 독서할 수 있는 능력을 기르기 위한 실천 방법을 구체적으로 살펴봅시다.

✏️ 실천 방법 1 : 책을 읽으면서 어떤 장면이 떠오르는지를 먼저 말하라!

먼저 책을 읽으면서 머릿속에 떠오르는 장면을 편하게 말해보라고 하는 방법입니다. 책을 읽고 나서 글로 쓰기보다는 먼저 머릿속에 떠오르는 장면을 이야기하게 하는 것입니다. 저는 아이들에게 다음의 글을 보여준 다음 읽어보라고 했습니다.

엘리자베스는 아름다운 공주였습니다. 엘리자베스 공주는 성에서 살고 있었는데, 그 성에는 비싸고 좋은 옷이 많았습니다. 공주는 로널드 왕자와 결혼하여 행복하게 살 생각이었습니다.

어느 날 아침 무렵, 무서운 용 한 마리가 나타나 공주의 성을 부수고 뜨거운 불길을 내뿜어 공주의 옷을 몽땅 불사르고 로널드 왕자를 잡아가 버렸습니다.

공주는 용을 뒤쫓아 가서 왕자를 구해 오기로 결심하였습니다. 그런데 옷이 몽땅 타 버려서 입을 것을 찾아야 하였습니다. 공주는 사방을 둘러보았습니다. 그때 종이 봉지 한 장이 눈에 띄었습니다. 공주는 종이 봉지를 주워 입고 용을 찾아 나섰습니다.

용이 지나간 길목에 있는 숲은 모두 타 버리고 그 자리에는 말 뼈들만 뒹굴고 있었습니다. 공주는 용이 지나간 흔적을 따라 계속 걸어갔습니다.

점심때가 채 안되어서 마침내 공주는 어느 동굴 앞에 다다랐습니다. 동굴에는 굉장히 큰 문이 달려있었고, 문 두드릴 때에 쓰는 커다란 쇠붙이도 있었습니다. 공주는 쇠붙이를 잡고 문을 쾅쾅 두드렸습니다.

용이 문밖으로 삐죽 코를 내밀었습니다.

"우와, 공주님이시로군요! 난 공주를 좋아하지. 그런데 오늘은 이미 성 한 채를 통째로 삼켜서 배가 부른 걸. 난 지금 몹시 바쁘니 내일 다시 와."

용은 문을 쾅 닫았습니다. 그 바람에 공주는 하마터면 문에 코를 찧을 뻔하였습니다. 공주는 문고리를 잡고 다시 문을 쾅쾅 두드렸습니다.

"가! 가라니까. 난 공주를 좋아해. 그런데 오늘은 이미 성 한 채를 통째로 삼켰다니까. 난 지금 몹시 바빠. 그러니 내일 다시 와."

잠시 뒤에 공주가 물었습니다.

"잠깐만, 네가 이 세상에서 가장 머리가 좋고 가장 용감한 용이라던데, 정말이니?"

"그럼, 정말이지."

"네가 불을 한 번 내 뿜으면 숲 열 군데가 한꺼번에 타 버린다던데, 정말이니?"

"그럼, 정말이지."

용은 숨을 깊이 몰아쉬더니 활활 불을 내뿜었습니다. 숲 열 군데가 한꺼번에 불에 타 버렸습니다. 또, 공주가 말하였습니다.

"너, 정말 멋지구나."

용은 다시 한 번 숨을 크게 들이쉬고 활활 불을 내뿜었습니다.

공주가 말하였습니다.

"너 참 무시무시하구나."

용은 또다시 깊은 숨을 들이쉬었으나 이번에는 헛바람만 나왔습니다. 이제 용에게는 달걀 한 알 익힐 만큼의 불씨도 남아 있지 않았습니다. 공주는 또 물었습니다.

"용아, 네가 하늘로 날아오르면 십 초 안에 세상을 한 바퀴 돌아올 수 있다던데, 그것도 정말이니?"

"아이참, 정말이라니까."

용은 훌쩍 뛰어 날아서 세상을 한 바퀴 돌았습니다. 꼭 십 초 뒤에 용은 몹시 지쳐서 돌아왔습니다. 공주가 말하였습니다.

"너, 참 멋지구나. 한 번 더 해봐!"

용은 훌쩍 뛰어 날아서 세상을 또 한 바퀴 돌고 돌았습니다. 이번에는 이십 초가 걸렸습니다. 이제 용은 너무 지쳐서 말도 못 하고 픽 쓰러져 곯아떨어졌습니다.

"얘, 용아!"

공주는 작은 목소리로 용을 불렀습니다. 하지만 용은 꼼짝도 하지 않았습니다. 공주는 용의 귀에다 머리를 들이밀고 목청껏 소리쳤습니다.

"얘, 용아!"

용은 너무 지쳐서 꼼짝도 하지 않았습니다.

해가 서쪽으로 기울어질 때쯤에 공주는 훌쩍 용을 타 넘어 동굴로 가서 문을 열었습니다. 로널드 왕자가 안에서 튀어 나왔습니다.

왕자는 공주를 보더니 대뜸 이렇게 말하였습니다.

"엘리자베스! 너 꼴이 엉망이구나! 아이고 탄내야. 머리는 온통 헝클어지고, 더럽고 찢어진 종이 봉지나 뒤집어쓰고……. 진짜 공주처럼 챙겨 입고 다시 와!"

왕자의 말을 듣고 난 뒤에 공주가 말하였습니다.

"그래, 로널드. 넌 옷도 멋지고 머리도 단정해. 진짜 왕자 같아. 하지만 넌 겉만 번지르르한 껍데기야."

결국 두 사람은 결혼하지 않았습니다.

- 초등 3학년 2학기 국어 읽기 교과서《종이봉지 공주》중에서

글을 읽고 머릿속에 떠오르는 장면을 아이에게 이야기해보라고 할 경우, 처음에는 교과서에 나오는 이야기가 좋습니다. 그런 다음 요즘 읽고 있는 책이나 그 책에서 소개한 책을 이용하는 것도 좋은 방법입니다. 아이가 머릿속에 떠오르는 장면을 온전히 말하는 게 어렵다면, 다음과 같은 질문을 통해 머릿속에 떠오르는 장면을 말할 수 있도록 돕는 것도 좋습니다. 질문에 답을 하려면 머릿속에 떠오르는 장면을 말로 설명해야 하는데, 그러려면 글의 내용을 머릿속에서 그림으로 바꾸어 생각해보아야 하기 때문입니다.

여기서 소개하는 내용은 필자의 반 학생들이 답한 것을 사례로 들었습니다. 질문과 답은 다양하게 나올 수 있습니다.

질문: 종이봉지 공주의 모습이 어떻게 보이나요?

답: 종이 봉지로 옷을 만들어서 입고 있을 테니 공주처럼 보이지 않고 초라하게 보였을 것이다.

질문: 이 글 마지막 부분에 나오는 공주와 왕자의 얼굴 표정은 어떨까요?

답: 서로에 대해서 화가 난 표정일 것이다. 특히 공주는 매우 놀라고 화가 난 표정을 지었을 것이다.

질문: 왕자는 어떤 표정과 목소리로 이야기했을까요?

답: 아주 화가 나고 퉁명스러우면서도 약간은 왕자의 위엄을 나타내는 듯한 목소리로 말했을 것이다.

이러한 질문에 먼저 말로 답하고 나면 아이들의 머릿속에는 다양한 장면들이 떠오르게 됩니다. 떠오르는 이미지가 풍부해질수록 글의 내용에 빠져 들게 되고 다양한 생각이 들면서 새로운 그림이 떠오르게 됩니다. 이때를 놓치지 말아야 합니다. 머릿속에 떠오르는 다양한 그림이 이야기로 풀어지면서 글의 내용을 담아내는 화면들이 머릿속에서 자유롭게 펼쳐집니다. 여기서 중요한 것은, 같은 글을 읽고도 각자가 상상한 그림은 모두 다르다는 것을 아이에게 이야기해주어야 합니다. 어려서부터 책을 읽으며 머릿속에서 상상하는 능력을 기르는 습관이 중요하다는 점을 반드시 기억하기 바랍니다.

✏ 실천 방법 2 : 책을 읽고 머릿속에 떠오른 장면을 그림으로 그려라!

다음으로 책을 읽고 머릿속에 떠오른 장면을 자신의 배경지식과 결합시켜서 그림으로 표현해봅시다. 산, 강, 바위 등의 낱말을 보면 그림이 바로 떠오릅니다. 그러나 사랑, 마음, 국가 같은 낱말은 그림이 잘 떠오르지 않습니다. 떠오른다 하더라도 각자의 경험에 따라서 완전히 다른 그림을 그려낼 것입니다. 단어만 그런 것이 아니라 책도 마찬가지입니다. 앞에서 읽어본 《종이봉지 공주》(73~76쪽)의 마지막 장면을 그림으로 그려보라고 하면, 공주와 왕자의 얼굴도 옷 색깔도 배경도 각자 다르게 그려낼 것입니다.

✏ 실천 방법 3 : 글자 없는 그림책을 활용하라!

그림책은 여러 가지 면에서 다양하게 활용하기에 좋습니다. 글자 없는 그림책은 많이 있습니다. 이런 그림책을 읽고 그림을 그려보게 하는 것도 좋은 방법입니다. '글자가 전혀 없는데 어떻게 읽고 그림을 그릴까?' 혹은 '그림만 있는데 다시 그림을 그리라고?'라고 생각할 수도 있습니다. 그러나 책 속 그림을 보고 마음껏 상상하면서 자신의 머릿속에서 떠오르는 장면을 그리거나, 또 다른 그림과 결합하여 그리다 보면 그림책의 내용이 더욱 풍성해지는 것을 느끼게 될 것입니다. 글자 없는 그림책은 독서 교육에도 매우 다양하게 활용할 수 있습니다. 다음의 목록을 참고하여 아이들에게 글자 없는 그림책을 권해보세요.

 글자 없는 그림책 목록

제목	지은이	옮긴이	출판사
자유낙하	데이비드 위즈너	이지유	미래아이
구름 공항	데이비드 위즈너		베틀북
이상한 화요일	데이비드 위즈너		비룡소
왜?	니콜라이 포포프		현암사
꼬마 돼지의 불끄기 대작전	아서 가이서트	김미향	보림
눈사람 아저씨	레이먼드 브리그스		마루벌
벤의 꿈	크리스 반 알스버그	김영하	문학동네어린이
이상한 자연사 박물관	에릭 로만		미래아이
천사와 꼬마병정의 대모험	피터 콜링턴		한림출판사
알파벳 도시	스테판 T. 존슨		주니어김영사
나의 빨강 책	바바라 라만		아이즐북스
떠돌이 개	가브리엘 뱅상		열린책들
자꾸자꾸 모양이 달라지네	팻 허친스		보물창고
작은 기적	피터 콜링턴		문학동네어린이
노란 우산	유재수		보림

✏ 실천 방법 4 : 오감을 모두 활용하면서 읽어라!

책을 읽고 상상하고 자극받을 수 있는 것은 머릿속에 떠오르는 장면만이 아닙니다. 다음 사례로 제시하는 세 편의 글을 읽어보기 바랍니다. 아이들은 이 글을 읽고 뭐라고 말할까요?

① 첫 번째 사례

톰 포츠가 총을 가지고 장난을 치고 있었어.

(이런 짓, 절대 하면 안 되겠지.)

그러다 펑! 그 무서운 물건이 발사가 되고 말았어.

꿈에도 생각 못한 일이었지!

톰은 그 속에 총알이 들어 있는지조차 몰랐어.

그러니 얼마나 겁을 먹었겠어.

바닥에 납작 엎드려서

헉헉 숨만 몰아쉬었지.

총알은 멋진 프랑스식 시계를 와장창 깨뜨리더니

(시계는 그때 막 세 시를 가리키던 참이었지.)

벽을 아주 깨끗하게 뚫고 지나갔어.

저기 아마 그 구멍이 보일거야.

-《구멍이 슈~웅》, 피터 뉴웰 지음, 김희정 옮김, 개구쟁이

◎ 글을 읽고 떠오른 생각

- 귀에서 총소리가 나는 듯하다.

- 시계 깨지는 소리가 난다.

- 구멍이 어디까지 갈까?

- 총알을 만져보고 싶다.

- 나도 총을 쏴보고 싶다.

- 내가 총을 맞은 듯하다.

- 총싸움을 하면 다칠까?

- 여기저기서 구멍이 보인다.

② 두 번째 사례

꼬끼오.

닭의 울음에 먼동이 터 옵니다.

외양간에서는 일터로 나갈 황소가 벌써 죽을 먹고 있습니다.

구수한 김이 무럭무럭 나는 콩 섞인 여물죽입니다.

이를 본 병아리는 군침이 동했습니다.

-《모기와 황소》, 현동염 글, 이억배 그림, 길벗어린이

◎ 글을 읽고 떠오른 생각

- 내 눈에 김이 무럭무럭 나는 것이 보이는 듯하다.

- 나도 병아리처럼 군침이 돈다.

- 황소가 얼마나 클까?

- 시골 풍경이 보인다.

- 소의 울음소리가 들리는 듯하다.

- 시골 풍경이 눈앞에 펼쳐진다.

③ 세 번째 사례

"짖어!"

셰피가 계속 소리 쳤다.

"빨리 짖으란 말이야!"

슐루프가 하품을 하면서 물었다.

"무, 무슨 일이야?"

"짖으라고 했잖아! 멍청아, 넌 냄새도 안 나니?"

그때 폴릭이 잽싸게 달려오며 말했다.

셰피의 귀가 뒤로 바싹 누웠다. 화가 났다는 신호였다.

"뭐, 좋은 냄새라고? 바보야! 이건 낯설고 모르는 개의 냄새란 말이야. 어서 짖어!"

셰피가 먼저 짖자 폴릭과 슐루프도 따라 짖기 시작했다.

멍멍 소리는 벽에 부딪혀 다시 돌아왔다. 부엌 전체가 울렸다.

"이 말썽꾸러기들, 조용히 좀 해."

복도에서는 발자국 소리가 들려왔다. 엠마였다. 셰피 무리는 엠마의 말만은 들어주었다.

엠마에게선 늘 좋은 냄새가 났다. 풀밭 냄새와 상쾌한 바람 냄새 같은.

－《대장은 나야》, 카트 브랑켄 지음, 강혜경 옮김, 시공주니어

◎ 글을 읽고 떠오른 생각

- 내 앞에 개가 있는 듯해서 무섭다.

- 개 짖는 소리가 들린다.

- 개가 으르렁 하는 듯하다.

- 어떤 냄새가 나는 듯한데 무슨 냄새인지 모르겠다.

- 풀밭 냄새가 난다,

　이 글은 모두 아이들이 가지고 있는 감각기관인 시각, 청각, 후각, 촉각, 미각 등을 자극하고 있다는 것을 알 수 있습니다. 이러한 것을 감각적 표현이라고 합니다. 즉, 사물에서 받은 인상이나 느낌을 보거나 듣거나 만져보는 것처럼 표현한 것을 말합니다. 이러한 것을 생각하면서 독서를 하면 글의 분위기나 내용뿐 아니라 글쓴이의 마음이나 글의 내용을 파악하고 이해하는 데 아주 좋습니다.

2) 끊임없이 질문하며 읽자!

지식의 힘은 얼마나 많이 알고 있느냐가 아니라 얼마나 많은 분야에
대해 얼마나 독창적인 질문을 하느냐에 달려 있다.

- 데니 팔머 울프

질문은 글의 내용을 바르게 이해하게 만드는 안내자이며 책의
내용을 이해하는 데 반드시 필요한 열쇠라고 할 수 있습니다. 책을
읽는 중에 일어나는 혼란스러움과 복잡함을 명쾌하게 해결해주는
역할을 하는 것입니다. 책을 읽으며 질문을 계속하다 보면 자신이
어떤 것에 관심 있는지를 알게 되며, 나아가 내가 무엇을 배우고 싶
어 하는지 알게 됩니다.

그러나 요즘 아이들은 질문이 없습니다. 책의 내용을 다 알아서
질문이 없거나, 책의 내용이 자신에게 쉬운지 어려운지도 몰라 무
엇을 질문해야 하는지 모르기도 합니다. 이런 책은 아이에게 필요
없는 책입니다. 질문을 하지 않는다는 것은 생각이 없다는 것입니
다. 책의 내용에 대해 불확실한 정보를 머릿속에 쌓아두고 있으면
나중에 스스로 공부하는 데도 문제가 됩니다. 질문 없이 책을 읽
으면 무엇이 문제가 되는 것일까요? 벼락치기로 공부해 시험을 치
른 경험이 있다면 알 수 있습니다. 벼락치기 공부는 그 순간을 넘
기기 위해서 집중력은 높아지지만 그 내용은 머릿속에 거의 남아
있지 않습니다. 시험이 끝나는 순간 그 내용은 나와는 전혀 상관

없는 것으로 변하고 말지요. 그러나 꾸준히 공부하는 아이들은 늘 질문이 많습니다. 공부하다가 조금이라도 이해가 안 되는 부분은 바로 질문을 만들어 의문점을 확인하며 공부 내용을 자신의 것으로 만듭니다.

책을 읽는 것도 마찬가지입니다. 책을 읽으면서 내용에 대해 스스로 질문해야 합니다. 책을 읽으면서 질문하는 것을 창피하다고 여기지 말아야 합니다. 모르고 넘어가는 것을 오히려 창피하다고 여겨야 합니다. 질문은 독서에 어떤 도움을 줄까요?

첫째, 책을 읽는 이유와 책의 내용을 분명히 이해할 수 있게 됩니다. 질문을 많이 하면 질문 없이 책을 읽는 아이보다 읽기 수준이나 집중력이 높아집니다. 책을 읽으면서 질문을 떠올리면 읽고 있는 책에 좀 더 집중하게 됩니다. 집중력이 높아지게 되면 그 내용은 더 가깝게 다가옵니다. 질문은 책을 읽고 있는 아이를 생각하게 만들고 다른 아이들과 자연스럽게 토론하는 분위기를 이끌어내기도 합니다. 스스로 만든 질문에 답을 찾아가면서 다양한 생각과 함께 기존의 지식과의 상호작용을 통해 좀 더 나은 생각으로 발전하게 됩니다. 이러한 것들은 책을 읽고 난 후 책에 대해 다양한 토론을 하는 데 아주 중요한 정보로 활용되기도 합니다.

둘째, 질문은 책의 내용이나 정보에 보다 깊이 파고들도록 이끌어주기도 합니다. 질문에 대한 답을 찾아가는 과정이 바로 독서의 본질입니다. 책이란 세상의 질문에 대한 저자의 답이기도 한 것입니다. 저자가 평소 궁금해하거나 의문을 품었던 내용에 대해서 스스로 답을 찾아 정리해 묶어놓은 것이 책입니다. 이것은 지금 자신이 읽고 있는 책의 내용을 질문 형식으로 바꾸어보면 쉽게 이해할 수 있습니다.

마지막으로 질문은 새로운 아이디어, 새로운 시각, 그리고 새로운 질문을 이끌어냅니다. 질문의 답을 찾고 나면 또 다른 궁금증과 새로운 질문이 만들어집니다. 결국 책을 읽는다는 것은 책을 통해 저자와 지적인 혹은 정신적인 교류를 한다는 것을 의미합니다.

아이들은 '왜', '어떻게'라는 질문을 많이 합니다. 아이는 세상을 알고 싶어서 질문을 합니다. 아이가 위험을 감수하고 세상에 나오기 위한 뚜껑을 여는 행동이 바로 질문이 아닐까요? 열정을 가지고 호기심을 충족하는 과정이 질문인 것입니다. 때문에 아이들이 부모에게 질문을 하면, 부모는 아이와 눈을 맞추고 아는 대로 설명해주어야 합니다. 그것이 어렵다면 그에 관한 책을 찾아 읽게 하거나 여유가 된다면 같이 읽고 이야기해보는 것도 좋습니다. 그것도 어렵다면 아이에게 질문할 수 있는 분위기만 만들어주어도 훌륭한 부모입니다.

질문은 좋은 독자가 되기 위한 필요조건이기도 합니다. 책을 읽고 아무런 질문을 하지 못한다면 아무 생각 없이 그 책을 읽었다고 할 수 있습니다. 아무런 생각 없이 책을 읽었다는 것은 저자와 자신이 소통하지 못하고 일방적으로 받아들이기만 했다는 증거이기도 합니다. 책을 읽으며 질문을 어떻게 만들어야 하는지 감이 오지 않는다면, 다음의 실천 방법을 참고해 아이들과 질문 만들기 연습을 해봅시다.

✏️ 실천 방법 1 : 같은 책을 읽고 서로 질문하고 답하라!

가장 먼저 할 수 있는 쉬운 방법으로 부모가 책을 읽어주면 아이가 듣고 질문거리를 적어보는 것입니다. 교과서도 좋고, 부모가 읽고 있는 책도 좋고, 신문 기사도 좋습니다. 일단 글의 내용을 듣고 궁금한 것은 무엇이든 적어 질문하게 해봅시다. '책 제목을 보고 무엇을 떠올렸는지?', '왜 그런 제목을 붙였는지?' 등도 좋은 질문이 됩니다. 앞에서 읽어보았던 《종이봉지 공주》(73~76쪽)를 아이에게 읽어주고 아이에게 궁금한 것을 적게 해보세요. 아이가 적은 질문을 수준에 따라 단계별로 분류한 다음, 쉬운 단계부터 답을 찾아봅시다. 쉬운 단계의 질문부터 답을 찾다 보면, 질문에 답을 찾는 데 거부감을 덜 느낄 것입니다. 나아가 해당 단계에서 질문과 답을 찾는 연습을 충분히 하기 때문에, 다음 단계로 넘어갈수록 자신감이 생기고 생각의 힘도 강해질 것입니다. 분류의 편의를 위하여 분류 항목과 질문의 예를 들어보겠습니다.

① '바로 여기'형 질문

질문의 답이 글 속에 나타나 있습니다. 답으로 글 속의 문장을 그대로 옮기면 되는 질문을 말합니다.

– 옷이 몽땅 타 버린 공주가 용을 찾아 나설 때 입은 것은 무엇인가요?

– 공주는 용을 물리치기 위하여 어떻게 하였나요?

- 공주가 왕자와 결혼하지 않은 까닭은 무엇인가요?

(이 질문은 실제 교과서에 나오는 질문으로, 글을 읽은 사람이라면 기억만으로도 답을 할 수 있는 수준의 질문입니다. 이러한 질문은 학생들에게 깊은 생각을 요구하지 않습니다. 현재 국어 교과서의 질문 수준은 이러한 점에서 비판을 받고 있습니다.)

② '생각하고 찾기'형 질문

글 속의 여러 내용들을 파악하고, 그들 사이의 관계를 명확히 이해해야만 답할 수 있는 질문입니다. 이런 질문에 답하기 위해서 아이들은 글 속의 여러 사실을 바탕으로 관계를 파악하고 추론해야 합니다.

- 왜 갑자기 용이 등장하게 되었을까요?
- 이 글에서 용은 어떤 역할을 했나요?
- 왕자와 공주는 왜 결혼을 하지 못하게 되었나요?

③ '내 힘으로'형 질문

독자, 즉 아이가 가지고 있는 배경지식이나 경험을 기억하거나 거기에 더하여 추론해야만 답할 수 있는 질문입니다.

- 무엇 때문에 결혼을 하지 못하였나요?
- 결혼하지 못한 결과, 그 나라에는 어떤 영향이 있었을까요?
- 읽은 내용이 암시하는 것은 무엇인가요?
- 저자가 이야기하려고 하는 것은 무엇인가요?
- 어떤 증거로 그런 이야기를 하게 되었나요?

- 가장 크게 배운 점은 무엇인가요?

- 배운 것 중에서 어떤 것이 가장 중요할까요?

- 내가 이 글을 썼다면 제목을 무엇으로 했을까요? 그 이유는요?

이러한 질문 만들기는 아이가 글을 읽는 중에 자연스럽게 떠오르는 질문을 책의 여백이나 질문 공책에 적어두면 됩니다. 그렇다고 시험 문제를 내듯이 질문을 강제적으로 만들 필요는 없습니다. 읽다 보면 자연스럽게 떠오르는 질문이 있을 것입니다. 그것을 놓치지 말고 적어두면 됩니다.

책을 읽으면서 질문이 생기고 그 답을 찾으려는 자연스러운 욕구가 있어야 독서가 재미있어집니다. 독서가 지루한 숙제가 되어서는 안 됩니다. 아울러 부모가 자신에게 강요하는 것이 독서라는 것도 아이에게 들켜서는 안 됩니다. 그렇게 되면 아이는 부모가 자신이 무엇을 할 때 좋아하는지 알게 되고, 그것을 알게 된 아이는 부모의 마음을 사기 위해 거짓으로 독서를 할 수도 있기 때문입니다. 질문의 진정한 힘은 질문의 답을 찾아가는 과정에 있음을 아이에게 알려주어야 합니다. 그래서 아이들이 책을 읽을 때마다 '왜 그렇지?', '이게 무슨 뜻이지?'라는 질문이 자연스럽게 나와야 합니다.

✏️ 실천 방법 2 : 나만의 질문을 기록하고 분류하라!
① 질문 공책에 질문 기록하기

책을 읽으며 생기는 질문은 어디에 기록하는 것이 좋을까요? 질문이 생긴 글귀에 밑줄을 긋고 그 옆에 직접 기록하는 것이 가장 좋습니다. 그러나 많은 아이들이 학교나 공공도서관에서 책을 빌려 읽습니다. 이런 경우에는 책에 질문을 기록하는 것이 불가능합니다. 이럴 경우 독서 기록장처럼 '질문 공책'을 만들어서 관리하는 것이 좋습니다. 질문 공책은 질문뿐 아니라 자신이 읽은 책에 대한 정보도 기록할 수 있기 때문에 다양한 방법으로 활용이 가능합니다.

② 질문 공책의 질문 분류하기

기록한 질문들은 매우 산만합니다. 글이 전개되는 내용에 따라 질문이 달라지기 때문입니다. 이렇게 산만한 질문들이 더 나은 자료가 되고 정보가 되기 위해서는 '분류' 작업이 반드시 필요합니다. 질문에 따라 책의 결론 부분에 답이 있기도 하고, 친구의 도움이 필요하기도 하고, 다른 책에서 답을 찾아야 하기도 할 것입니다. 이를 기준으로 사전이나 다른 자료를 통해서 조사해야 할 것, 다른 사람들과 토론을 통해서 답을 찾아야 할 것 등으로 질문을 분류하면 다양하고 심층적인 조사 활동이 가능하게 됩니다. 질문을 분류하면서 답을 찾다 보면 문제를 해결하는 다양한 방법을 알게 되는 부수적인 효과도 얻게 됩니다. 자신이 읽은 책의 내용에 대해서 궁금했던 질문들을 몇 개의 주제로 분류해보면 아이가 궁금해하는 분야가 드러나게 됩니다. 이런 과정은 결국 아이가 살아갈 세상을 확장하는 다리가 되어줄 것입니다.

🖋 실천 방법 3 : 질문을 하도록 유도하라!

갑자기 책을 읽으면서 질문을 만들라고 하면 쉽지 않습니다. 책을 읽으면서 질문을 하도록 유도하는 것이 부모의 가장 큰 역할입니다. 부모는 아이의 책 읽기에 있어서 관제탑이나 레이더 같은 역할을 해주어야 합니다. 안정된 습관과 올바른 읽기 능력을 갖추고 나면 아이들은 그 능력을 마음껏 펼치면서 책을 읽게 됩니다. 그전까지는 부모의 일정한 보호와 지도가 필요하며, 그에 필요한 적절한 시기는 초등학교 시기입니다. 중·고등학교로 올라갈수록 초등학교 때보다 훨씬 더 많은 학습량과 내용 그리고 다양한 과제 해결을 해야 하는데 그것의 바탕은 결국 읽기 능력에서 비롯되기 때문입니다.

그렇다면 질문을 유도한다는 것은 무엇일까요? 책의 내용에 대해 다양한 질문과 궁금증을 갖게 하여 책 읽기에 몰두하게 만든다는 뜻입니다. 책을 본격적으로 읽기 전에 아이와의 충분한 대화를 통해 책에 대한 사전 이해와 소통의 기회를 마련해주어야 한다는 뜻입니다. 그러한 질문의 예를 살펴보겠습니다.

① 책 표지를 보면서 하는 질문
- 이 책의 표지에는 무엇이 보이니?
- 이 책은 제목을 왜 이렇게 정했을까?

– 이 책의 저자가 누구인지 무엇으로 알 수 있을까?

– 이 책의 표지에 적힌 안내 문구는 책의 내용과 어떤 관련이 있을까?

– 이러한 책의 표지는 아이들이 좋아할까?

② 책의 차례를 보면서 하는 질문

– 차례를 보면 몇 부분으로 나뉘어져 있니?

– 차례를 통해 책의 무엇에 대해서 알 수 있을까?

– 차례의 역할은 무엇일까?

– 차례를 보고 책에 등장하는 주인공이나 중요 사건을 알 수 있을까?

③ 책과 관련된 그밖에 정보들을 보면서 하는 질문

– 광고에서는 이 책을 어떻게 이야기하고 있니?

– 이 책의 광고에서 강조하는 것은 무엇이니?

– 이 책을 읽으면 무엇에 도움이 될까?

책을 읽는 아이들이 책에 대해서 질문한다는 것은 책을 열심히 읽는다는 것이고 책 속에 나온 생각이나 등장인물들 간의 관계, 그리고 사실에 호기심을 가지고 있다는 뜻입니다.

질문을 한다는 것은 책 읽기가 단순히 종이에 적힌 글을 읽기만 하는 수동적인 과정이 아님을 가르쳐줍니다. 나아가 질문에서 그치지 말고 본격적으로 책 속의 글과 소통하고 몰두해야 합니다. 그래야 자신이 한 질문에 다양하고 깊이 있는 사고 과정을 경험할 수 있습니다. 그것은 독서 능력을 한층 더 높여주는 역할을 합니다. 질문하기는 학년이 올라갈수록 어려워하기 때문에, 저학년 때 습관을 들이는 것이 좋습니다.

3) 배경지식을 활용하며 읽자!

내용을 둘러싸고 있는 배경을 알고 나면 모든 것이 쉬워집니다. 텍스트Text를 둘러싸고 있는 배경Context을 알아야 그것을 제대로 이해한 것이라고 말하기도 합니다. 그러나 초등학생들은 아직 이러한 문제에 약합니다. 자신들이 가진 배경지식이 얇기 때문입니다. 배경지식은 자신이 지금껏 경험한 것이나 보고 듣고 읽은 것, 일상생활, 사람들과의 관계, 자신이 좋아하는 것 등을 통틀어 말합니다. 배경지식에 따라 책에 대한 이해 정도와 느낌이 달라질 수 있습니다. 이는 각자가 살아온 삶의 경험과 배경이 다르기 때문에 나타나는 자연스러운 현상입니다.

책을 통해 쌓이는 배경지식은 내가 아는 것과 내가 읽은 것을 서로 연결해줍니다. 또한 독서라는 경험을 더욱 의미 있고 깊이 있게 만들어줍니다. 배경지식이 많으면 같은 책을 읽더라도 생각의 깊이나 수준이 다른 사람과 달라집니다. 그래서 해석의 차이가 생기고 책을 읽고 난 후의 다양한 경험이나 감동이 달라집니다. 읽으면 읽을수록 다른 사람과 지적 격차가 생기게 됩니다. 이런 현상을 '마태 효과'라고 합니다. 《성경》에 '재산이 많은 사람은 더 많아진다'는 말에서 유래된 것으로, 책도 마찬가지라는 것이죠. 궁극적으로 배경지식은 다른 사람과 나를 차별화시켜 개성 있는 나를 만들어줍니다.

그렇다면 글을 읽는 아이들에게 배경지식은 왜 중요할까요? 배경지식이 없는 상태에서 글을 읽는 것은 뜻도 모르는 외국소설을 원어로 읽는 것과 마찬가지입니다. 배경지식이 없으면 책 안에 담긴 뜻도 모를뿐더러 새로운 정보가 머릿속에 입력되지도 못합니다. 배경지식이 풍부할수록 글자만 읽는 것이 아니라 글의 내용을 함께 읽게 되어 다른 아이들과 전혀 다른 수준의 글 읽기를 하게 되는 것이죠. 어떻게 하면 배경지식이 풍부한 아이로 기를 수 있을까요?

✎ 실천 방법 1 : 책에 대한 기본 정보를 파악하라!

책에 대한 아주 기본적인 정보를 알게 하는 활동입니다. 그러나 이러한 읽기 방법을 먼저 가르쳐주지 않고 독서를 시키는 부모들이 의외로 많이 있습니다. 이는 본격적으로 책을 읽기 전에 반드시 해야 할 활동입니다.

① 책에 대한 기본 정보 파악하기

아주 중요한 활동입니다. 책을 본격적으로 읽기 전에 책의 기본 정보를 파악하는 활동을 통해서 아이들은 자신이 읽을 책을 어떻게 읽을지에 대한 배경지식을 쌓게 됩니다. 그 가운데 다음의 세 가지를 훑어보는 활동은 특히 중요합니다.

㉠ 제목으로 내용 예측하기 : 많은 저자들이 고민하는 부분이 바로 제목입니다. 저자가 하고자 하는 말이 가장 압축적으로 담겨 있는 것이 제목이기 때문입니다.

㉡ 앞표지 살펴보기 : 책의 앞표지에는 내용에 대한 기본 정보가 담겨 있다는 사실을 기억하는 것이 좋습니다. 책을 본격적으로 읽기 전에 표지를 살펴보는 읽기 습관이 필요합니다. 누구든 책을 처음 만나는 곳이 표지이기 때문입니다.

㉢ 저자 소개와 뒤표지 글 읽으며 내용 맛보기 : 책의 뒷면이나 표지 날개 부분에는 책에 대한 여러 가지 안내 글이 정리되어 있습니다. 책에 대한 간단한 정보와 책의 중요 부분, 그리고 간단한 저자 소개 등도 있어 읽고자 하는 책의 기본 정보를 얻을 수 있습니다. 이러한 것들은 빠트리지 말고 읽어야 할 부분입니다.

② 부모의 관련 경험 이야기해주기

부모는 아이들보다 더 많은 세상 경험과 지적 경험을 한 사람입니다. 독서를 아이에게 가르칠 때의 부모는 먼저 책 내용과 관련된 자신의 경험이나 책 내용에 대한 정보를 주는 것이 중요합니다. 자신이 읽을 책에 대한 기본적인 정보가 많아지면 아이는 독서에 더 많은 흥미를 느끼게 됩니다. 아울러 책의 주제와 흥미가 아이의 호기심을 불러일으켜 책에 관련한 내용을 더 많이 알고 싶어집니다. 책을 읽기 전에 읽을 책에 대한 기본 정보를 주는 것은 부모의 가장 중요한 역할입니다.

✎ 실천 방법 2 : 책과 자신을 연결하라!

지금 읽고 있는 책의 내용을 자신의 일상 속 경험과 연결해보는 방법입니다. 책 속 등장인물은 여럿이고 그 성격 또한 다양합니다. 그들을 통해서 우리는 다른 사람들의 다양한 감정과 경험, 사건 들을 간접적으로 경험하게 됩니다. 우리는 책을 읽으며 새로운 것에 관심을 갖고 의미와 해석을 창조하며 자신만의 독자적인 정보와 기억을 갖게 됩니다. 그것이 책을 읽는 기본적인 목적입니다. 그러나 그 안엔 보이지 않는 또 다른 '나'가 존재합니다. 그것은 내가 되고 싶은 '나'일 수도 있고, 되고 싶지 않은 '나'일 수도 있습니다. 책을 읽고 책 속에서 이런 '나'를 찾아 연결해보세요. 그런 '나'는 주인공인 경우도 있고, 주변 인물 중의 한 사람일 수도 있습니다. 아이에게 자신이 그 사람인양 책을 읽어보게 하기 바랍니다. 아이는 전혀 다른 입장의 '나'가 되어서 책을 읽게 됩니다. 그것은 새로운 경험이 됩니다. 그 과정에서 나만의 경험과 지식과 배경이 서로 연결되어 새로운 인물이 만들어지고, 등장인물과 내용에 대한 새로운 해석도 가능해집니다.

다음 글을 읽고 아이가 반응한 내용을 살펴봅시다.

"광명아, 신경 쓰지 말고 양호실에 다녀오너라."

"이씨!"

오광명은 김준을 데리고 양호실로 갔다. 양호 선생님이 김준 이마를 만져 보고는 곧장 체온계를 입에 물렸다. 김준은 양호실 침대에 걸터앉았다. 오광명은 멀뚱멀뚱 서 있었다. 양호 선생님이 물었다.

"둘이 어떤 사이니?"

"제 짝꿍인데요, 아파서 데리고 온 거예요."

"짝꿍끼리 사이가 좋구나."

양호 선생님이 김준 입에서 체온계를 빼어 눈금을 확인했다.

"위험할 정도는 아닌데 열이 제법 있네. 해열제 먹고 한 시간만 누워 있으면 괜찮아질 거야."

김준은 해열제를 먹고 양호실 침대에 누웠다.

오광명은 계속 멀뚱멀뚱 서 있었다. 양호 선생님이 말했다.

"너는 교실에 가서 공부해야지."

오광명이 물었다.

"여기서 기다리면 안 돼요?"

"네가 데리고 가려고?"

"네, 제가 데리고 왔으니까 제가 데리고 가야 맞잖아요."

양호 선생님이 방긋 웃으며 말했다.

"가만있어 보자, 지금이 10시 10분 전이니까 11시에 와서 데려가면 되겠다. 아마 그때쯤엔 깨어나 있을 거야."

"네, 안녕히 계세요."

오광명은 신바람이 났다. 양호실을 뛰쳐나와 교실을 행해 냅다 뛰었다.

－《잘한다 오광명》, 송언 지음, 문학동네

　　　1부_출력 독서, 읽기

◎ 글을 읽고 자신의 경험과 연결하여 생각을 써본 결과

학생 1 : 나도 양호실에 친구와 함께 가서 약을 먹은 적이 있다, 친구가 있어서 조금 편안했다,

학생 2 : 친구가 많이 아프지 않은데도 우리는 같이 간다, 같이 가기만 해도 덜 아픈 것 같아서 그렇다,

학생 3 : 나처럼 양호실에 가면 같이 온 친구들이 많다, 특히 5~6학년 언니, 오빠들이 더 많다,

학생 4 : 친구하고 같이 우유 창고 근처에서 놀다가 다친 적이 있다, 더 놀고 싶었는데 많이 다쳐서 선생님하고 엄마에게 무척 혼이 났다,

학생 5 : 양호실에 같이 가는 것이 정말로 재미있다, 양호실에 가면 여름에는 시원하고 겨울에는 따뜻하다, 더 아프다고 말하고 침대에 누웠다 온 적도 있다,

✏️ 실천 방법 3 : 책과 책을 연결하라!

읽고 있는 책의 내용과 비슷한 주제를 가진 다른 책을 연결시켜 봅시다. 책과 책 사이의 연결 고리를 만들면 책을 읽을 때 좀 더 깊이 있고, 다양한 주제나 내용들과도 만나게 됩니다. 선악을 주제로 한 동화라면 《흥부와 놀부》부터 시작해서 예전에 읽었던 책들이 기억날 것입니다. 국어 교과서에서도 비슷한 주제를 담은 이야기들을 쉽게 만날 수 있습니다. 책을 읽다가 생각나는 다른 이야기는 기록해야 합니다. 《토끼와 거북이》를 읽으면서 《개미와 배짱이》를, 《콩쥐 팥쥐》를 읽으면서 《신데렐라》를 기억하는 것은 아주 기초적

인 연결 활동입니다. 연결 고리는 단순하게 지금 읽고 있는 책에서 그치는 것이 아니라 다른 영역이나 주제와도 이어주는 중요한 역할을 합니다. 역사와 과학, 지리와 역사, 문학과 과학 등 다른 학문 영역의 글이나 책과도 얼마든지 연결이 가능합니다.

책과 책, 글과 글, 주제와 주제를 연결하는 작업은 쉽지 않습니다. 책을 읽으면서 자연스럽게 연결 고리를 찾게 하기 위해서는 다음과 같은 방법을 활용하는 것도 좋습니다.

① 이야기 속에 등장하는 인물의 성격이나 특징과 나를 비교하기

주인공이나 주변 인물들이 어떤 성격을 가지고 있는지, 그러한 성격은 어떤 사람과 비슷한지를 비교해보는 것입니다. 불특정다수의 많은 사람과 비교하기보다는 자신이 잘 아는 주변사람과 비교하는 것이 좋습니다.

② 이야기와 같은 주제나 교훈의 다른 이야기를 비교하기

초등학교 때 교과서에서 강조하는 주제들은 현실 생활에 바탕을 둔 것이 많습니다. 친구와의 우정, 가족 간의 사랑, 정직, 친절 같은 주제들이죠. 자신이 읽고 있는 책과 지금 배우고 있는 교과서 속 이야기의 주제나 교훈을 비교하면서 읽다 보면, 교과서 속 주제에도 관심이 생기게 됩니다. 이는 해당 주제를 깊이 있게 공부하는 좋은 방법이기도 합니다.

③ 이야기의 줄거리와 비슷한 책을 비교하기

주제나 교훈 외에 줄거리만으로도 연결 고리를 찾을 수 있습니다. 예를 들어볼까요? 《강아지 똥》(권정생 글, 정승각 그림, 길벗어린이)과 《너는 정말 소중해》(제프리 스토더드 지음, 권혜신 옮김, 두란노키즈), 그리고 《너는 특별하단다》(맥스 루카도 글, 세르지오 마르티네즈 그림, 아기장수의 날개 옮김, 고슴도치)는 줄거리나 이야기의 주제가 매우 흡사합니다. 이 세 권의 책은 모두 서로 다른 저자들이 쓴 책입니다만 공통의 주제로 만납니다. 그것은 아무리 보잘 것 없는 사람이나 사물일지라도 이 세상에 반드시 할 일이 있고 역할이 있으며 존재감이 있다는 것입니다. 이러한 책은 대부분 이야기의 소재만 다를 뿐 이야기의 전개 방식이나 주제를 나타내는 이야기의 줄거리는 매우 흡사하다는 사실을 알 수 있습니다. 책들을 비교하면서 읽는 것도 책 읽기의 또 다른 재미입니다. 이처럼 줄거리가 비슷한 이야기를 구성하고 있는 배경이나 사건, 인물들이 서로 비슷한 경우가 많다는 점을 이해하고 나면 연결 고리 찾기가 어렵지 않게 됩니다.

🖉 실천 방법 4 : 책과 세상을 연결하라!

책을 읽다 보면 어느 순간 '어? 이거 뉴스에 나온 이야기 아닌가?'라는 생각이 들 때가 있습니다. 배경지식이 없으면 읽기 어려운 것이 요즘의 신문이고 뉴스입니다. 뉴스는 사건의 과정을 일일이 설명하지 않고 진행된 결과만을 이야기합니다. 그리고 새로운 용어들이 쏟아져 나옵니다. 자신과 관련된 일이 아니면 그저 스치고 맙니다. 그러나 세상의 일이란 서로 연결되어 있습니다. 흔히 유기체 같은 사회라는 것이 바로 그것입니다. 책 속의 이야기도 그렇습니다. 사건의 원인이 결과를 만들고 그 결과가 새로운 원인이 되는 구조를 가지고 있습니다.

책과 나, 책과 책을 연결하는 활동은 책이라는 좁은 범위 안에서 이루어집니다. 그러나 우리가 책을 읽는 목적 중의 하나는 주변에서 일어나는 일보다 '범위가 큰 일'을 책과 연결 지어 나에게 필요한 정보로 활용하기 위함이기도 합니다. 그러기 위해서는 자신이 읽은 책과 세상을 연결하여 더 많은 배경지식을 쌓아가는 것이 좋습니다. 다시 말해, 책을 통해서 자신의 생활 범위를 넘어서는 생각을 할 수 있도록 유도하는 책 읽기가 필요합니다.

다음은《아모스와 보리스》라는 그림책의 일부와 〈해변서 구조된 고래들, 무리 만나 잘 산다〉라는 제목의 신문 기사입니다. 이 둘을 예로 책과 세상이 어떻게 연결되고 있는지 이해해봅시다.

언젠가 아모스가 바다 한가운데에서 혼자라고 느꼈던 것처럼, 지금 보리스도 해변가에 누워서 혼자라고 느끼고 있었어. 보리스는 자신이 죽을 거라고 생각했지. 그래서 막 죽을 각오를 하려던 참에, 아모스가 자기가 찾을 수 있는 한 가장 큰 코끼리 두 마리를 데리고 달려왔어. 마음 고운 코끼리 두 마리는 곧장 온 힘을 다해서 보리스의 거대한 몸을 굴리기 시작했어. 보리스는 모래를 덮어쓰고 바다로 굴러갔지. 아모스는 코끼리 머리 위에 서서 고래고래

소리를 질러 대며 일을 지시했어. (……) 몇 분 있다가, 보리스는 바다로 들어갔어. 파도가 보리스의 몸을 씻어 주었지. 물이 몸에 닿을 때의 그 기분이 얼마나 좋은지. 보리스는 이렇게 생각했어. "바다 속 감촉이 얼마나 좋은지 제대로 알려면 바다 밖으로 나가 보지 않으면 안 돼. 그렇고말고, 고래라면." 곧 보리스는 바다 깊은 곳으로 헤엄쳐 갔단다,

-《아모스와 보리스》, 윌리엄 스타이그 지음, 우미경 옮김, 시공주니어

해변서 구조된 고래들, 무리 만나 잘 산다

최근 호주 태즈메이니아 섬 해변에 올라와 죽을 뻔한 위기를 맞은 끝에 환경운동가들에게 구조된 창거두고래들은 우려와 달리 무리와 합류해 건강하게 지내는 것으로 밝혀졌다.

과학자들은 앤서니스 비치에 올라온 64마리의 창거두고래 가운데 구조된 11마리 중 5마리에 전자태그를 부착해 위성으로 추적한 결과 구조된 지 하루만에 11마리가 모두 한데 모여 해안에서 $40km$ 떨어진 깊은 바다에서 힘차게 헤엄쳐 다니는 것으로 확인됐다고 밝혔다. 구조된 고래들을 추적한 것은 이번이 처음이다.

한 과학자는 "이들은 죽음에 직면했던 시련을 이겨냈을 뿐 아니라 서로를 만나 함께 여행하고 있다"면서 이들이 구조 후에 건강하게 잘 지낸다는 사실이 처음으로 확인된 것은 놀랍고 신나는 일이라고 말했다.

태즈메이니아 섬 주변에는 얕은 만이 많아 호주의 다른 어느 곳

보다 뭍에 오르는 고래들이 많은데 이들이 왜 해변으로 올라오는 지 이유도 밝혀지지 않았고 이들이 힘겨운 구조작업 후 어떻게 됐 는지 보여주는 증거도 없어 구조작업이 과연 할 만한 가치가 있는 지에 대한 논란도 벌어지고 있다.

환경운동가들은 뭍에 올라온 고래를 바다로 돌려보내기 위해 이들의 몸에 바닷물을 끼얹고 젖은 수건으로 감싸며 트럭으로 물 이 깊은 곳으로 운반하는 등 온갖 노력을 아끼지 않는데 일부 고 래들은 바다로 나간 지 얼마 안 돼 다시 돌아와 보는 이를 안타깝 게 하고 있다.

태즈메이니아 섬 서부 해안에서는 지난 한 주 동안 최소한 150 마리의 창거두고래들이 뭍에 올라와 죽었다.

호주와 뉴질랜드에서 주기적으로 일어나는 고래들의 떼죽음 원 인을 놓고 여러 가지 논란이 있는데 이 중에는 인간 활동에 따른 소음 때문에 이들의 방향감각에 이상이 생겼을 것이라는 추측도 있다.

- 〈조선일보〉(2008년 12월 2일자)

《아모스와 보리스》의 주인공은 생쥐와 고래입니다. 어느 바닷 가에 버려진 고래를 살리기 위해서 주인공인 생쥐가 물을 뿌려주 는 등 노력을 하는 이야기입니다. 이 이야기와 비슷한 내용의 뉴스 들이 간혹 언론에 등장합니다. 이 둘을 함께 읽고 이야기를 나누 거나 글을 쓰는 것은 책과 세상을 연결하는 대표적인 방법입니다.

아이들은 새로 알게 된 것을 기존의 지식과 연결 지음으로써 학습을 하게 됩니다. 이것은 학습의 기본 원리이기도 합니다. 그러기 위해서 아이들은 자신이 읽은 것을 이야기하고, 글로 쓰고, 생각하는 과정이 반드시 필요합니다. 읽고 있는 책에 등장하는 이야기와 비슷한 생활 속 사례를 연결시켜 생각하는 방법을 아이들에게 알려준다면, 아이들은 전보다 더 많은 배경지식을 가지고 책을 읽게 됩니다. 아울러 그러한 독서는 예전과는 전혀 다른 차원의 책 읽기가 되며, 아이들의 다양하고 깊이 있는 사고를 자극하는 효과를 갖게 합니다.

세상의 일이라고 해서 정치적인 사건이나 경제적인 문제만 포함되는 건 아닙니다. 그러한 것들이 중심이 되기는 하지만 초등학생들에게는 신문에 있는 만화, 광고, 사진, 일기예보 등도 충분히 좋은 자료가 됩니다. 앞서 살펴보았듯, 적절한 기사 내용과 책의 내용을 연결시켜 읽게 하는 것도 효과적입니다. 세계선수권대회에서 역경을 이겨낸 우승한 선수나 팀은 내가 읽은 책의 어떤 주인공과 비슷한가를 살펴보는 것, 지금 읽고 있는 책에 등장하는 지역에서 실제로 일어나고 있는 일은 무엇인가를 신문에서 찾아보고 연결하는 것 등도 매우 좋은 공부가 됩니다. 이렇게 책을 읽다 보면 내가 읽고 있는 책은 단순한 흥미나 시간을 보내기 위한 것이 아니라 나의 미래를 위해서 반드시 필요한 것이라는 사실을 확인하게 됩니다.

03
성공적 출력 독서를 위한
독서 전략

전략은 상대를 제압하기 위한 나만의 방법입니다. 독서에도 전략이 필요할까요? 책의 내용을 내 것으로 만들 수 있고, 이를 통해 생각의 깊이를 넓혀갈 수 있는 방법이 있다면 누구라도 알고 싶을 겁니다. 이런 방법이 이른바 독서 전략입니다. 전문가들은 '독서 전략'을 '독자가 주어진 독서 목적을 달성하기 위하여 최적의 대안을 모색하는 방법'이라고 정의입니다. 각자가 책을 읽는 목적을 달성하기 위해 자기 주도적으로 사용하는 방법인 셈이지요.

현재 학교 현장에서 가장 많이 사용하고 있는 독서 전략은 '과정 중심 접근법'입니다. 과거의 독서 교육은 '결과 중심 접근법prod-uct-oriented approach'이 주를 이루었습니다. 하지만 시대가 변하고 사회가 아이들에게 요구하는 것이 변함에 따라 '과정 중심 접근

이 책의 기본 입장은 '과정 중심 독서 지도'를 바탕으로 했습니다. 과정 중심 독서의 읽기 전·중·후 활동의 목표는 《교과 독서와 세상 읽기》(이경화 외 지음, 박이정출판사)를 참고하였습니다.

1부_출력 독서, 읽기

법process-oriented approach'이 주를 이루게 되었습니다.

'과정 중심 접근법'은 읽기 과정을 강조합니다. 읽기의 각 과정에서 필요한 기능이나 전략에 초점을 맞춥니다. 글을 다 읽은 후에 아이들이 얻게 된 것도 생각하지만, 글을 읽는 과정에서 어떤 생각과 어떤 행동을 했는지에 초점을 맞춥니다. '결과 중심 접근법'은 다 읽은 후에 얻게 된 결과를 강조합니다. 예전에 많이 하던 방법이죠. 글을 읽게 한 다음 줄거리를 말해보게 하고, 글의 주제를 파악하는 데 초점을 맞춥니다. 글을 읽기 전에 어떠한 생각을 했는지, 글을 읽는 과정에서 어떤 생각이나 행동을 했는지 별 관심이 없습니다. 글을 읽은 다음에 그 글을 제대로 파악했는지 확인만 할 뿐입니다.

결과적으로 예전의 독서 활동이 주로 독후 활동에 초점을 둔 것이라면 과정 중심의 독서 전략은 독서 전과 독서 중에 이루어지는 활동에 초점을 두고 있습니다. 읽고 나서 정리하기보다는 읽기 전에 그리고 읽는 중에 더욱 활발한 독서 활동을 통하여 책에 대한 예측과 내용을 이해하고 확장하는 데 더 중점을 두는 것입니다.

이러한 독서 전략과 활동은 아이들의 사고를 확장시킬 것입니다. 주어진 책을 생각 없이 읽었던 입력 중심의 독서에서 벗어나, 과정 중심의 독서로 인해서 자신의 생각과 경험을 책과 연결하면서 읽기 때문입니다. 이러한 과정을 통해서 아이들은 자신의 머릿속에 자리 잡고 있던 기존의 생각과 책을 읽으며 든 생각을 비교하고 그 차이를 알게 되면서 새로운 생각과 경험을 쌓아갈 것입니다. 이렇게 쌓인 새로운 생각들은 자신의 생각을 자신의 언어로 표현하고 주장하는 데 엄청난 바탕이 됩니다. 그리고 이런 생각들이 다른 사람의 생각과 경험과 만나면 또 다른 차원의 생각과 사고력을 가진 출력형 아이가 될 것입니다.

여기서는 전략적인 독서 활동을 구체적이고 깊이 있게 소개하기 위해 읽기 전·중·후 활동의 세 단계로 구분하여 살펴보겠습니다.

1) 읽기 전 전략과 활동 : 마음껏 상상하고 예측하라!

무엇이든지 본격적인 일을 하기 전에 해야 하는 일들이 있습니다. 잠을 자기 전에 옷을 갈아입고, 본격적인 운동을 하기 위해서 몸 풀기 운동을 하는 것 등이 바로 사전 활동입니다. 독서도 마찬가지입니다. 책의 내용이나 개념에 대한 배경지식을 쌓고 활성화시키기 위한 전략이 필요합니다. 책을 읽고 싶은 강한 동기가 있거나 읽을 책에 대한 사전 정보가 풍부하거나 배경지식이 있다면, 적극적이고 능동적인 책 읽기가 가능합니다. '읽기 전 활동'의 목표는 다음과 같습니다.

① 읽기 목적의 선정 및 구체화
② 독서 동기(흥미)의 형성
③ 내용에 대한 예측

④배경지식 제공 및 활성화

⑤내용에 대한 사전 반응 형성

　책을 읽으려고 하는 목적을 확인하고, 제목 등을 보고 내용을 상상해보면서 자신의 경험이나 지식을 그 책에 투영해야 합니다. 사전 준비 없이 책을 읽는 것은 나침반 없이 항해하는 것과 같습니다. 다른 사람이 읽는다고 무턱대고 책을 읽고 있는 건 아닌지, 어떤 목적으로 책을 읽는지를 먼저 살펴야 합니다. 다음에서 제시하는 활동들을 참고해 아이들과 '읽기 전 활동'을 해봅시다.

✏️활동 1 : 브레인스토밍

　글자 그대로 머리에 폭풍이 일어나듯이 관련된 생각을 다 쏟아내는 활동입니다. 책 제목이나 그림, 책의 중심 낱말이나 내용을 보고 관련된 모든 낱말이나 생각을 내놓고 그것을 일정한 기준으로 분류해보는 활동입니다. 이 활동은 아이들의 자유로운 분위기가 우선되어야 합니다. 억압적이고 강제적인 환경에서는 자유로운 생각이 떠오르지 않습니다. 자유롭고 안정된 환경을 조성한 후에 아이디어의 질보다는 양에 우선하여 활동하게 합니다. 이 활동은 아

다음의 모든 활동에서 제시하는 책들은 읽기 전·중·후 활동에 적절한 책으로 선정하였으나 학생들의 독서 수준이나 이해 정도, 학년 수준에 따라서 다른 책으로 적용해도 무관합니다. 활동지에 예시한 활동을 하는 데 반드시 그 책이 필요하다는 뜻은 아닙니다. 이러한 활동은《교과 독서와 세상 읽기》에서 많은 도움을 받았습니다.

이들이 읽을 책에 대한 배경지식을 활성화하는 데 효과적입니다. 브레인스토밍을 통해서 떠오르는 과거의 경험과 정보, 지식 등은 책 읽기에 대한 흥미를 유도하고 흥미 있는 독서를 가능하게 합니다. 이 활동을 통해서 충분하고 다양한 낱말들이 모아지면, 이들을 공통점과 차이점, 같은 것과 다른 것 등의 항목으로 나눠 목록화하고, 각 목록에 대해 서로 질문하고 대답하는 과정을 거치게 합니다.

 활동지

책 제목	내 이름은 태풍		
지은이	이지유 글, 김이랑 그림	출판사	웅진주니어

◎ '태풍'이라는 단어를 보고 자신이 알고 있는 모든 생각을 다음의 활동지에 적어보세요.

◎ 위의 내용을 바탕으로 다음과 같이 구분하여 적어보세요.

① 태풍 이름에 해당하는 낱말

예) 나비, 매미

② 태풍으로 인한 피해와 관련된 낱말

예) 미국, 교통사고, 유리창, 산사태, 구름다리 붕괴, 도로

③ 태풍이 올 때면 등장하는 낱말

예) 비, 강풍, 우산, 일기예보, 특보, 휴교, 가을

◎ 다음의 질문에 답해보세요.

① 태풍 이름은 누가, 어떻게 지을까요?

② 여러분이라면 태풍 이름을 어떻게 지을까요?

③ 태풍 때문에 피해 입었던 경험이 있나요?

④ 태풍이 올 때면 볼 수 있는 것에 대해 이야기해봅시다.

✎ 활동 2 : 미리 살펴보기

책을 읽기 전에 책의 앞뒤 표지, 뒷면의 간략한 정보 글, 제목, 저자의 이름, 책의 두께 등을 미리 살펴보는 활동입니다. 무턱대고 책을 펼쳐서 읽는 것보다 내용을 이해하는 데에 상당한 효과가 있습니다. 책 표지에 적힌 제목이나 그림을 보고 내용을 예상해봅시다. 그 예상이 틀려도 좋습니다. 정답 맞추기 활동이 아닙니다. 상상해보는 것이 중요합니다. 그러기 위해서는 책 제목 끝에 물음표를 붙여서 읽어봐도 좋습니다. 순간적으로 '왜'라는 생각을 하게 되고 책 내용을 상상하고 예측하는 데 도움이 됩니다. 그런 생각을 하고 나서 글 속에 등장하는 그림이나 사진, 이름, 숫자 등 눈에 띄는 단어에 주목하며 미리 읽어봅니다. 이 활동은 글의 종류나 내용, 인물의 성격, 사건의 특징 등에 대한 정보를 파악하는 데 매우 유용합니다.

📝 활동지

책 제목	헉, 나만 다른 반이라고?		
지은이/ 옮긴이	나탈리 다르장/ 이세진	출판사	라임

◎ 책을 읽기 전에 생각해봅시다.

1. 책의 앞면과 뒷면, 제목 보고 상상하기

① 책 제목 '헉, 나만 다른 반이라고?'를 보고 어떤 생각이 떠올랐는지 말해보세요.

② 이 글은 어떤 분위기의 글인 것 같은가요?

③ 책의 표지에 대한 느낌이 어떤지 이야기해봅시다.

④ 글의 제목이나 제시된 내용과 관련 있는 자신의 경험을 말해보세요.

2. 그림이나 삽화 보고 생각하기
① 그림 속의 인물은 무슨 생각을 하고 있을 것 같은가요?

② 이 그림을 보고 궁금한 것은 무엇인가요?

✏ **활동 3 : 사진 속으로**

아이가 실제로 사진 속에 들어가 있는 것같이 상상해보게 하고, 읽을 책과 관련된 사진을 활용하여 상상력을 발휘해 학습에 직접 참여하게 하는 활동입니다. 준비한 사진과 학습 내용을 연결 지어 글을 읽기 전에 중심 생각을 미리 생각해봄으로써, 아이 스스로 학습할 내용에 대해 동기를 갖게 하는 것이 이 활동의 핵심입니다.

책 제목	난민		
지은이	박진숙 글, 소복이 그림	출판사	풀빛

◎ 사진을 보고 난민에 대한 각자의 생각을 먼저 이야기해보세요. 만약 우리나라에 난민이 온다면 받아들여야 할까요? 받아들이지 말아야 할까요? 각자의 생각을 이야기해보세요.

✏ 활동 4 : 예측 안내하기

책을 읽기 전에 글의 중심 생각을 예측해보는 활동입니다. 이 활동의 목적은 중심 생각의 '단서'를 찾거나, 배경지식을 활성화하고, 독서 동기를 갖게 하는 것입니다. 이 활동을 통해 책의 주제나 잘못 알고 있었던 부분에 대한 수정이 가능합니다. 또한 적용이 쉬워서 다양한 학년이나 교과 그리고 책 읽기에 활용할 수 있습니다.

① 읽은 글의 중심 생각과 개념을 확인하고 기존에 알고 있는 지식이 무엇인지 간단하게 정리해봅니다.

② 기존 지식에서 수정할 만한 내용을 다시 적어봅니다.

③ 책 내용을 예측할 수 있는 안내 글을 읽어봅니다.

④ 내용을 예측할 수 있는 안내 글에 대한 부연 설명을 듣고 관

련된 정보를 확인하고 수정합니다.

 활동지

책 제목	세종대왕		
지은이	김진욱 글, 임대환 그림	출판사	와이즈만BOOKS

◎세종대왕과 관련된 문제를 깊이 생각해보고자 합니다. 다음의
문장들을 읽어보고 맞으면 ○, 틀리면 × 표시를 해보세요.

①과학 기술을 장려하여 장영실, 이이 등을 기용하였다. (　　)

②명나라와의 외교에는 실리를 추구하고자 하였다. (　　)

③음악에도 관심을 기울여 아악을 정리하도록 하였다. (　　)

④세종대왕의 릉은 경기도 광주에 있는 대왕릉이다. (　　)

⑤유교 정치 실현과 문화 발전을 위해 성균관을 설치하였다. (　　)

📝 활동 5 : 질문하기

읽을 책과 관련된 질문을 미리 제시하여 내용을 생각하며 읽을
수 있게 도와주는 활동입니다. 책의 내용을 이해하는 데 도움이 되
는 적절한 질문을 하여 책 읽기를 효과적으로 하려는 것이 이 활동
의 목적입니다. 읽기 전이나 읽는 동안, 읽은 후의 어떤 과정에도
매우 효과적인 활동입니다.

활동지

◎ 책을 읽기 전과 읽고 나서 떠오르는 단어나 구절들을 적어보세요. 책 내용에 대해 궁금한 점과 예상한 것들도 적어보세요.

단어나 구절	궁금한 점과 예상한 것들

📝 활동 6 : 앙케이트/질문표

우리가 자주 보는 앙케이트는 작성자인 상대가 나에게 궁금한 것을 묻는 것입니다. 상대가 작성한 질문을 통해서 많은 사람의 답을 모아보면 전체적인 의견을 알게 됩니다. 이 활동은 아이들이 책을 읽기 전에 책에 대한 여러 가지 정보와 책을 읽는 아이의 가치, 태도, 견해 또는 관련된 경험을 확인해보는 데 효과적입니다. 아이들에게 제시할 앙케이트/질문표는 읽을 책의 주제와 관련된 질문을 만들어서 체크하게 하거나 간단하게 자신의 생각을 쓰게 해도 좋습니다. 이 활동의 목적은 '정답'을 알아내게 하는 것이 아닙니다. 아이들의 태도와 경험을 책의 주제와 연결시켜서 사고를 활발하게 하려는 것입니다. 앙케이트를 통해서 드러내는 반응이 서로 다르더라도 그 반응을 수용해주어야 합니다.

 활동지

책 제목	세상에서 제일 무거운 황금 접시		
지은이/ 옮긴이	버나 넷 와츠/ 김서정	**출판사**	봄볕

◎다음 질문에 답해보세요.

1. 누군가의 집에 가서 그 집에 있는 물건을 보고 갖고 싶다는 생각이 들었던 적이 있었나요? 그 이유는 무엇인가요?

_____

2. 만약 누군가가 내가 가장 아끼는 물건을 가져갔다면 어떤 마음이 들까요?

예) 기분이 나쁠 것이다. 그 아이와는 절대로 같이 놀지 않을 것이다. 그 아이가 반성하면 용서해줄 것이다.

_____

3. 만약 내가 남의 집에 있는 물건을 허락 없이 집에 가지고 오는 길이라면 마음이 어떨까요?

_____

4. 내가 훔친 물건을 친구가 나에게 선물로 준다면 그 선물을 받아야 할까요? 받지 말아야 할까요?

_____

5. 진정한 선물이란 무엇일까요?

✐ 활동 7 : 생각 그물

초등학생들이 가장 많이, 쉽게 하는 활동 중의 하나로, 특정한 주제를 중심으로 아이가 가진 아이디어를 드러내게 하는 데 효과적인 활동입니다. '브레인스토밍'이 아이디어를 많이 떠올리는 데 목적이 있다면, 이 활동은 아이디어들 간의 관계를 파악할 수 있는 능력을 요구한다는 점에서 차이가 있습니다. 많은 생각을 드러내는 것은 '브레인스토밍'이 유리하지만, 이 활동은 그러한 생각들의 관계를 파악하게 한다는 점에서 유리합니다. 이 활동은 '브레인스토밍'을 한 후에 그것을 바탕으로 할 수도 있고, 독립적으로 할 수도 있습니다. 독립적으로 할 때에는 주제나 소재 선정이 중요합니다. 주제나 소재는 읽을 책에서 찾는 것이 좋습니다. 처음에는 중심 개념(영역)과 하위 개념을 설정해주고 그것과 관련된 아이디어를 많이 떠올려보게 하고, 점차적으로 중심 개념만 제시하고 하위 개념들을 각자 만들어가면서 떠올려보게 할 수 있습니다. 이 활동은 창의적인 아이디어가 많이 나올 수 있게 하는 데 초점을 둡니다.

1부_출력 독서, 읽기

활동지

책 제목	물 부족에서 살아남기		
지은이	달콤팩토리 지음, 한현동 그림	출판사	아이세움

◎ 책을 읽기 전에 '물'에 대한 생각을 다음의 표에 정리해 보세요.

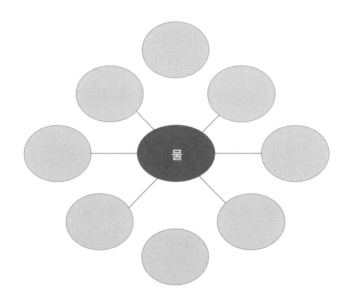

🖉 활동 8 : KWL

KWL은 알고 있는 것Knowledge, 알고 싶은 것Want to know, 알게 된 것Learned의 줄임말입니다. 이 활동은 글을 읽기 전에 배경지식을 활성화하며, 아이들의 학습을 안내합니다. 읽을 글을 예측하고 구조화하며, 자기 질문 전략을 발달시키고, 주제에 대한 자신의 질문에 대답하기 위해 능동적으로 글을 읽는 방법을 배우는 데 목적을 둔 활동입니다.

📝 활동지

책 제목	소금 장수 아들		
지은이	김혜란 글, 경하 그림	출판사	한국 헤밍웨이

◎ '소금'을 주제로 다음의 KWL 표를 완성해보세요.

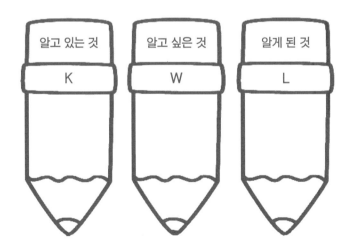

📝 활동 9 : 책에 나올 만한 문장 만들기

책을 읽기 전에 중요한 용어들을 활용해 책에 나올 만한 문장을 만들어보는 활동입니다. 이 활동을 통해서 아이들은 이미 아는 것을 바탕에 두고 글의 의미를 예측해볼 수 있고, 중요한 용어의 의미를 예상해볼 수 있습니다. 이 활동에 익숙해지면 모둠 활동을 통해 스스로 책과 관련한 문장을 만들고, 평가하고, 수정할 수 있습니다.

📝 활동지 ▬▬▬▬▬▬▬▬▬▬▬▬▬▬

책 제목	임진왜란 3대 대첩		
지은이	이광희 글, 강은경 그림	출판사	그린북

◎ 책의 제목을 바탕으로 다음의 질문에 자신의 생각을 적어보세요.

1. 중심 개념과 용어를 예상해 적어보세요. (10~15개 정도)

예) 임진왜란. 이순신, 한산도 대첩, 일본, 선조, 노량, 명량, 학익진, 조총, 7년전쟁

_____

2. 1번에서 적은 낱말을 이용하여 이 책에 나올 만한 문장을 만들어보세요.

예) 이 책의 배경은 조선 선조 대왕 시절이다.

① _____

② _____

3. 글을 읽으며 만든 문장을 확인하여 평가해보세요.

예) 이 책의 배경이 될 시대에는 일본이 우리나라를 강점하였다. (×)

① _____

② _____

4. 글의 내용과 일치하도록 문장을 바꿔쓰세요.

예) 이 책의 배경이 되는 시대에는 일본이 우리나라를 강점하였다.

⇒ 이 책의 배경이 되는 시대에는 일본이 우리나라를 강점한 것이 아니라 침략 전쟁을 일으킨 것이다.

① _____

② _____

활동 10 : 자음 낱말 채우기

책을 읽기 전에 아이들의 사전 지식을 끌어내는 데 유용한 틀을 제공하는 활동입니다. 이 활동은 아이가 읽어야 하는 책에 대해서 자기가 이미 알고 있는 것을 바탕으로 새로운 자료에 대한 학습을 준비하거나 내용을 예측하게 하는 데 효과적입니다.

활동지

책 제목	몸, 잘 자라는 법		
지은이	전미경 글, 홍기한 그림	출판사	사계절출판사

◎우리 몸에 관련된 낱말을 다음의 닿소리표 (   ) 안에 넣으세요.

ㄱ ( )	ㄴ ( )	ㄷ ( )	ㄹ ( )	ㅁ ( )
ㅂ ( )	ㅅ (손, 손바닥)	ㅇ ( )	ㅈ ( )	ㅊ ( )
ㅋ ( )	ㅌ ( )	ㅍ ( )	ㅎ ( )	

📝 활동 11 : LEAD 어휘 학습

책을 읽기 전에 책에 나오는 전문 용어를 미리 공부해보는 활동입니다. 책 내용을 구성하는 관련 어휘가 다양하고 그런 용어들이 책에 자주 등장하거나 아이가 경험할 수 있을 때 효과적입니다. LEAD는 전문 용어 목록화하기Listing, 경험 활동Experience Activity, 토론하기Discussion를 의미합니다. 각 단계는 모든 아이가 참여하며, 말이 없는 아이도 반복적으로 용어를 듣고 이해할 수 있게 됩니다.

 활동지

책 제목	수학 발표왕을 만드는 슈퍼 수학 2		
지은이	이경희 글, 최선혜 그림	출판사	풀빛미디어

◎수학 용어를 적고 이야기해보세요.

단계	LEAD 활동	질문과 답
1	목록 만들기	· 내가 알고 있는 도형에 관련된 용어를 적어 보세요. 예) 삼각형
2	경험 활동	· 교실이나 운동장에서 다양한 도형을 찾아 적어보세요. 예) 철봉대=사각형
3	토론하기	· 교실이나 운동장 등 우리의 주변에 있는 도형에는 어떤 것들이 있을까요? 아는 대로 자유롭게 이야기해보세요.

✐ 활동 12 : 경계 어휘 전략

책에 등장하는 새로운 단어를 익히는 활동입니다. 책을 읽기 전에 아이들에게 필요한 어휘를 알려주고, 해당 어휘에 대한 사전 지식을 이용하여 알고 있는 정도를 표시하게 합니다. 제시되는 어휘는 아이들이 알고 있는 것과 책에 쓰인 것이 잘 연결될 수 있도록 합니다. 너무 많은 어휘를 학습하기보다는 구체적인 예시를 사용하여 어휘의 의미를 익히는 데 초점을 두는 것이 좋습니다. 이 활동은 알아야 하는 어휘를 실제로 사용해봄으로써 어휘를 배울 수 있는 기회를 제공하며, 여기에는 다음의 두 가지 유형이 있습니다.

①유형 1

㉠책을 읽기 전에, 읽기에 필요한 어휘 목록을 줍니다.

㉡아이들은 어휘에 대해 알고 있는 정도를 ○, ×, △ 표를 사용하여 표시합니다.

㉢사전을 찾지 않고 문맥 속에서 그 어휘의 의미를 익힙니다.

㉣× 표한 어휘 중에서 잘못 사용한 어휘는 정확한 의미를 익히도록 합니다.

② 유형 2

㉠책을 읽기 전에, 읽기에 필요한 어휘 목록을 줍니다.

㉡아이들이 알 만한 어휘를 주고 정의를 생각하게 합니다.

㉢그 어휘가 사용된 문장을 예시로 줍니다.

ㄹ 예시로 사용된 문장을 통해 어휘의 정의를 내려봅니다.

✏️ 활동지 ━━━━━━━━━━━━━━━━━━━━━━━━━━━

| 책 제목 | 아빠, 한국사 여행 떠나요! 1 | | |
| 지은이 | 김원미 외 글, 이동철 그림 | 출판사 | 코알라스토어 |

◎ 다음 보기의 단어 중에서 알맞은 것을 골라 (   ) 안에 넣으세요.

┌───┐
신석기, 구석기, 부족 국가, 후예, 중흥, 유물, 벽화
└───┘

① (신석기) 돌을 갈아서 정교하게 만든 석기. 수렵용의 돌살촉, 공작용의 돌도끼, 농경용의 석기, 의례용의 돌칼 따위가 있다.

② (구석기) 인류가 만들어 쓴 뗀석기. 주먹 도끼, 찍개, 찌르개 따위의 사냥 도구와 긁개, 밀개 따위의 조리 도구가 있다.

③ (부족 국가) 원시 사회에서 부족을 중심으로 형성된 국가. 중앙 집권적 고대 국가가 성립하기까지의 과도적 국가 형태이다.

④ (후예) 후손

⑤ (중흥) 쇠퇴하던 것이 중간에 다시 일어남. 또는 다시 일어나게 함.

⑥ (유물) 선대의 인류가 후대에 남긴 물건.

⑦ (벽화) 건물이나 동굴, 무덤 따위의 벽에 그린 그림.

활동 13 : 어휘 예상하기

책 제목을 보고 책에 어떤 내용이 있을지를 예측하여 쓰는 활동입니다. 일종의 예측하기 전략이라고 할 수 있는 이 활동은 아이들이 책을 읽기 전에 흥미와 관심을 갖게 하는 효과가 있습니다. 또한 이 활동을 통해서 글의 내용과 구조에 대한 사전 지식을 점검할수 있고, 배경지식을 활성화할 수 있습니다.

활동지 ▬▬▬▬▬▬▬▬▬▬▬▬▬▬▬▬▬▬▬▬

책 제목	석유 에너지		
지은이	이필렬 글, 안은진 그림	출판사	풀빛

◎책의 제목에 대해 생각해보고, 어떤 단어들이 실려 있을지 추측해서 적어보세요.

예) 에너지

_____

_____

2) 읽기 중 전략과 활동 : 묻고 따지고 연결하고 파악하라

'읽기 전 활동'을 통해서 예측한 내용을 책을 읽으며 확인하고, 글의 중심 생각을 찾고 질문과 점검을 통해 글의 의미를 찾아내는 활동입니다. 아이가 스스로 질문을 만들면서 그 내용에 관심을 갖 도록 하고, 처음 예측한 것이 맞는지 점검하면서 읽도록 도와주는 것이 중요합니다. '읽기 중 활동'의 목표는 다음과 같습니다.

① 읽기 목적의 유지, 읽기 방법의 점검
② 독자의 주의 집중, 흥미 유지
③ 내용 이해의 촉진(사실적, 추론적, 비판적 이해)
④ 능동적인 반응의 형성
⑤ 이해한 내용의 효율적인 재구성(기억)

'읽기 중 활동'의 핵심은 '책의 내용을 어떻게 이해하고 내 것으 로 만들 것인가?'입니다. 책을 읽는 아이의 능동적 태도가 가장 중 요한 단계입니다. 그것이 없으면 책 읽기가 흐지부지되고 맙니다. 그 책을 읽었다는 '기억'만 존재하게 됩니다. 그 책을 통해서 깊이 있는 생각이나 토론으로 확장되거나 심화되지 못합니다. 결국 '책 따로 나 따로'가 되는 것이지요. 다음의 활동들을 참고해 '읽기 중 활동'을 해봅시다.

글에 대한 이해력과 정보 파악 능력을 강화하는 데 도움을 주는 활동입니다. 글을 읽으면서 아이 스스로 계속 '왜' 라는 질문을 던짐으로써 문장과 문장, 문단과 문단 사이에 매끄럽지 못한 부분을 찾아내고 새로운 의미까지 파악할 수 있게 합니다.

또한 적극적인 읽기 태도와 지나치기 쉬운 글의 의미를 잡아내는 데에도 효과적으로 사용하는 활동입니다. 질문을 통해 학습 내용에 대해 적극적인 태도를 갖게 되며, 글 읽기를 계속하고 흥미를 갖게 됩니다.

 활동지

책 제목	산의 왕 아무르		
지은이	한상훈, 신미경	출판사	이수

◎ '왜? → 지금 무엇을 배우고 있을까? → 내가 알고 있는 것은 무엇일까?'를 생각하면서 다음 글을 읽고 질문에 대한 생각을 적어보세요.

말레이시아의 어느 열대 우림 속, 어두운 그늘 밑에서 호랑이 한 마리가 어슬렁거리고 있었습니다. 이 호랑이는 사냥을 나왔다가 너무 멀리 와 버렸어요.

① 왜 그랬을까요?

_____

그래서 자기가 살던 곳으로 되돌아가려던 참이었어요. 멀리서 나지막하게 웅웅거리는 소리가 났지만, 호랑이는 그게 무슨 소리인지 몰랐습니다. 앞으로 나아갈수록 그 소리가 점점 더 커졌는데 말이에요.

② 왜 그랬을까요?

_____

갑자기 나뭇잎이 사라지면서 눈부신 햇빛이 확 쏟아졌습니다. 호랑이가 숲에서 불쑥 튀어나와 붐비는 고속도로로 들어선 거였죠. 도로는 숲의 가장자리를 따라 뻗어 있었거든요.

③ 왜 그랬을까요?

_____

놀란 호랑이는 도로 위로 뛰어들어 차들을 향해 달렸어요.

④ 왜 그랬을까요?

_____

'끼익!' 브레이크 소리가 났습니다. 호랑이는 버스에 부딪쳐 그 자리에서 죽고 말았습니다. 승용차와 버스들이 시끄럽게 경적을 울리며 멈춰 섰어요. 금방 사람들이 모여 들었지요. 사람들은 호랑이를 길 가장자리로 옮겼어요. 그날 밤 사람들은 이 호랑이를 가만두지 않았답니다. 호랑이의 몸 이곳저곳을 떼어 훔쳐 갔어요, 발톱과 이빨, 심지어는 수염까지도 말이에요.

⑤ 왜 그랬을까요?

_____

호랑이는 몸 전체가 비싼 값에 팔리기 때문에 욕심 많은 사람들이 도둑질을 한 거였어요. 동양에서 호랑이는 약재로 아주 유용하답니다.

✎ 활동 2 : SQ3R

초·중등학생들에게 효과적인 학습 독서 방법으로 많이 활용되는 활동입니다. 이 활동은 읽기에 대한 방법적 지식이 부족한 아이에게 독서 방향을 제시해줄 수 있으며, 읽기 방법에 익숙한 아이에게도 글에 대한 충분한 이해를 도울 수 있습니다. 읽기 과정과 관련 교과가 매우 폭넓다는 점에서도 활용 가치가 높습니다. 이 활동의 순서는 다음과 같습니다.

① 훑어보기Survey : 읽고자 하는 책을 훑어 읽어봅니다. 책의 제목, 도표, 차트, 지도, 삽화, 교육적 도식, 머리말, 요약 등 책에 대해 전체적으로 빠르게 검토합니다. 빠르게 검토하는 이유는 주의 집중을 유도하기 위함입니다.

② 질문하기Question : 머리말을 질문으로 만들어봅니다. 이 방법은 아이들의 호기심을 자극합니다.

③ 읽기Read : 마음속으로 질문을 하면서 책을 읽습니다. 만들어 놓은 질문에 답할 뿐만 아니라 주요 내용도 찾아봅니다. 공책의 왼쪽에 질문을 쓰고, 오른쪽에 답을 쓰다 보면 자신만의 학습 방법을 개발할 수 있습니다.

④ 암송하기Recite : 책을 읽고 자신의 공책 한쪽을 손으로 가리고 질문의 답을 암송합니다. 그리고 글로 쓴 답과 암송한 답을 비교하고 일차하는지 확인합니다.

⑤ 재검토하기Review : 질문과 답을 재검토함으로써 아이들은 다양한 질문과 답 사이의 관계를 알 수 있습니다.

책 제목	초가집 기와집		
지은이	송은명 글, 정윤주 그림	출판사	한국톨스토이

◎ 책을 읽어가면서 다음의 질문에 적절한 단어나 문장을 넣으세요.

1. 훑어보기 책 제목, 도표, 차트, 지도, 삽화, 교육적 도식, 머리말, 요약 등을 훑어보세요.

예) 제목을 왜 초가집 기와집이라고 했을까요?

---

2. 질문하기 머리말과 제목과 소제목 등을 의문형으로 만드세요.

예) 기와집의 구조는 어떨까요?

---

3. 읽기 질문과 그에 대한 답을 만들어 적으면서 읽으세요.

예) 조선 시대의 기와집은 크게 사랑채, 안채, 그리고 행랑채와 사당으로 구분됩니다.

---

4. 암송하기 자신의 질문에 대한 답이 적힌 부분을 손으로 가리고 답을 소리 내어 읽어보세요.

---

5. 재검토하기 내용을 요약, 정리하세요.

활동 3 : 밑줄 긋기

책을 읽는 동안이나 다 읽은 후에 중요하다고 생각되거나 잘 이해되지 않는 부분에 밑줄을 긋는 것으로, 일반화된 읽기 활동의 하나입니다. 이 활동은 중요한 내용을 강조하여 기억을 돕는 데 사용됩니다. 매우 간편하고 특별한 연습 없이도 적용할 수 있는 장점이 있습니다.

활동지

책 제목	근초고왕, 강한 백제를 만들다		
지은이	손주현 글, 황성혜 그림	출판사	이수

◎다음의 글을 읽고 백제의 도읍지가 어떻게 달라졌는지 알아보고, 옮긴 이유에 대해서도 생각해보세요. 중요한 정보에 밑줄을 그으며 읽어보세요.

    백제의 첫 도읍지인 위례성은 오늘날 서울특별시 송파구 지역이다. 풍납토성, 몽촌토성 등이 당시의 유적이다. 이곳에는 백제 초기의 옛 무덤들도 남아 있다.

    두 번째 도읍지인 웅진(공주)은 금강을 끼고 있다. 이곳의 공산성에는 궁궐의 흔적이 남아 있다. 백제는 고구려군의 침략을 막아내기 위해 북쪽으로 강을 끼고 있는 이곳에 도읍을 정하였다. 그후, 백제는 도읍을 넓은 들이 있는 사비(부여)로 옮기고, 나라의 힘을 크게 떨쳤다.

① 백제의 도읍지: (위례성) - (   ) - (   )
② 도읍지 변경 이유: 고구려의 침략을 막기 위해, 식량 확보를 위해

 활동 4 : 학습일지 쓰기

글을 읽으면서 중요하다고 생각되는 내용이나 궁금한 점 등을 간단히 적는 활동입니다. 간편하면서도 내용을 기억하는 데 효과적이어서 흔하게 사용하는 읽기 활동 중 하나입니다. 학습일지 쓰기는 단순한 암기의 수준을 넘어 중심 생각을 강조하는 학습일지 쓰기, 중요한 논점이나 미해결 과제를 위한 학습일지 쓰기, 글의 중심 생각에 반응을 기록하는 비판적 학습일지 쓰기, 간결한 문장으로 중심 생각을 압축하기 위한 요약 학습일지 쓰기 등으로 다양하게 활용될 수 있습니다.

활동지

책 제목	곤충들의 놀라운 세계	출판사	스완미디어
지은이	대한과학진흥회 글, 위스뉴스키 피에르 그림		

◎ 책에서 '곤충의 입'에 대한 글을 찾아 읽고, 곤충의 입모양이 다른 까닭을 정리해보세요. 그리고 더 궁금한 점이나 느낌 등을 적어보세요.

내용	생각과 느낌
곤충의 입모양은 먹이의 종류에 따라 각기 다르다.	곤충의 입모양이 먹이의 종류에 따라 다르다면, 처음 발견하는 낯선 곤충이 무엇을 먹고 사는지도 예측할 수 있을 것이다. 그래서 과학자들이 화석을 보고 옛날 곤충들에 대해서도 연구할 수 있는가 보다.

활동 5 : 자료의 신뢰성 판단하기

책에서 표현하고 있는 내용을 분석하고 평가하는 활동입니다. 이 세상에 완벽한 글은 없다는 생각을 가지고 책의 내용에 대해 끊임없는 회의와 질문을 함으로써, 사실과 의견을 구분하고 어휘나 문장의 적절성을 판단하며 저자의 의도를 파악하는 등의 다양한 비판적 읽기를 할 수 있는 활동입니다. 이 활동은 아이들이 글을 비판적으로 읽으면서 적극적이고 효과적인 독해를 가능하게 하며 능동적인 독자로 성장하도록 돕습니다.

 활동지

책 제목	에너지 낭비, 이제 그만!		
지은이	오윤정 글, 이지후 그림	출판사	동아출판

◎ 다음 글을 읽고 신뢰할 만한 정보인지 판단해보세요.

우리들은 에너지를 아껴야 합니다. 그러면 우리가 할 수 있는 에너지 절약법은 무엇이 있을까요? 에너지의 종류는 물, 전기, 가스 등이 있습니다.

물에는 이런 것이 있습니다. 양치질을 할 때 바가지에 물을 헹구기, 세수할 때 세면대에 물 받아서 씻기, 변기에 벽돌 넣기 등이 있습니다.

①이 글에 나타난 정보는 몇 가지가 있습니까?

_____

②구체적으로 무엇 무엇인지 써보고 객관적으로 믿을 만한지 점수로 표시해보세요.

정보라고 생각한 내용	믿을 수 없다. (1점)	약간 의심이 간다. (2점)	조금 믿을 만하다. (3점)	믿을 만하다. (4점)	그렇게 생각한 이유
에너지의 종류는 물, 전기, 가스 등이 있습니다.		○			풍력, 조력, 화력 등 다른 종류도 있으므로

활동 6 : 반성적 읽기

　자신의 독해 과정을 점검하는, 수준 높은 활동입니다. 책을 읽을 때는 어려운 부분이나 자신이 활용하고 있는 독서 전략의 적절성 등을 끊임없이 점검해야 합니다. 이 과정을 통해 아이에게는 반성적 사고가 일어나며, 자신의 독해 과정을 점검하게 되고, 자기 주도적인 독자가 될 수 있습니다. 이 활동은 다른 독서 전략을 수행하는 자신에 대해 점검해볼 수 있다는 점에서 폭넓게 활용될 수 있습니다.

활동지

책 제목	마르코 폴로의 아름다운 여행	출판사	아르볼
지은이/ 옮긴이	안케 되르차프 글, 클라우디아 리브 그림/ 김희상		

◎책을 읽으며 다음 질문에 답하고 나의 읽기 태도를 점검해보세요.

①이 책을 읽는 목적은 무엇인가요?

_____

②내가 알고 있던 배경지식은 무엇인가요?

_____

③내가 알고 있는 지식과 관련하여 읽었나요?

_____

④잘 이해하지 못한 것은 있나요?

_____

3) 읽기 후 전략과 활동 :
다양하게 정리하여 내 것으로 만들어라!

읽기 목적에 대해 평가하고 내용에 대해 요약하고 새로운 상황에도 적용해보는 활동입니다. 이러한 읽기 과정은 아이의 능동적인 참여를 강조하며 아이 스스로 글을 읽어가는 과정에서 끊임없이 주어지는 정보를 탐색하고 해석하고 재구성하게 됩니다. '읽기 후 활동'의 목표는 다음과 같습니다.

①사전 지식과 새로운 정보의 통찰, 재구성
②내용의 효율적인 기억
③내용에 대한 관점(태도) 형성
④내용을 바탕으로 한 창조적 사고(상상적 사고)
⑤내용에 대한 심층적 반응 형성

'읽기 후 활동'에서 가장 중요한 것은 '내면화'입니다. 읽은 책의 내용을 바탕으로 세상을 보는 자신만의 관점을 갖고, 새로운 나를 만들어가는 것입니다. 그래서 책을 읽기 전의 '나'와 읽은 후의 '나'가 달라져야 합니다. 그래야 진정한 의미의 '읽기 후 활동'이 완성되는 것입니다. 책을 읽은 후 아이들과 다음의 활동들을 해봅시다.

활동 1 : 의미 구조도 그리기

　알아야 하는 어휘와 다른 어휘 사이에서 발생하는 개념상의 차이점과 유사점을 도식화하여 그 어휘의 의미와 용법을 익히는 활동입니다. 뜻이 비슷한 몇몇 어휘들을 분명하게 구분하여 어휘의 정확한 뜻을 알 수 있게 돕습니다. 위계 구조나 순차 구조로도 나타낼 수 있으며, 원이나 그래프 등의 형태로도 만들 수 있습니다.

활동지

책 제목	한옥, 몸과 마음을 살리는 집		
지은이	박지숙 글, 이수아 그림	출판사	해와나무

◎ 책을 읽고 다음의 의미 구조도를 완성해보세요.

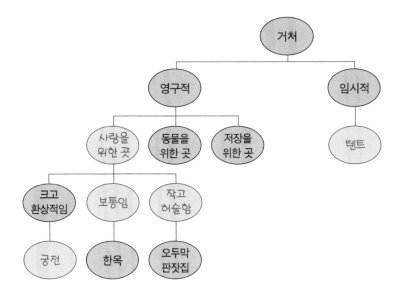

활동 2 : 벤다이어그램

둘 이상의 단어나 개념, 인물 사이의 관계를 명확히 보여주기 위해 겹치는 원을 이용하는 활동입니다. 벤다이어그램은 의미 자질 분석과 비슷한 목적을 가지고 있어서 두 개의 개념 혹은 주제를 비교, 대조하기에 적당합니다.

활동지

책 제목	효자효녀요양원 느바		
지은이	함영연 글, 성옥현 그림	출판사	나한기획

◎효자와 불효자의 공통점과 차이점을 찾아 다음 그림을 완성해봅시다.

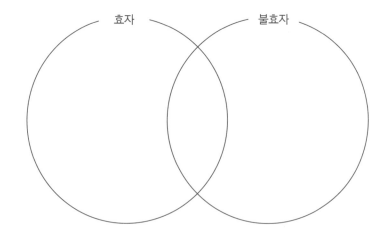

✏ 활동 3 : 질문에는 답을, 답에는 질문을

책을 주의 깊게 읽고 내용을 확인한 후, 나누어준 질문에 해당하는 본문 카드를 찾아보는 활동입니다. 책의 한 문장을 본문 카드에 적습니다. 이는 대답이 됩니다. 본문 카드를 보고 질문을 적어 질문 카드를 만듭니다. 다시 질문 카드를 보고 답에 해당하는 본문 카드를 찾습니다. 사실이나 정보 관련 내용을 학습한 후에 학습 내용을 확인하고 관련 질문과 연결시킴으로써 다시 읽기를 유도할 수 있습니다. 이 활동은 학습한 내용에 대한 '묻고 대답하기'가 될 수 있습니다. 그리고 핵심 내용에 대한 이해를 도울 수 있습니다.

 활동지

책 제목	어린이 경제 1		
지은이	김상원 글, 이우일 그림	출판사	파랑새

◎ 책을 읽고 본문 카드와 질문 카드를 작성한 후, 친구와 질문 카드를 내고 답에 해당하는 본문 카드를 보여주는 게임을 해보세요.

·본문 카드 1·	·본문 카드 2·	·본문 카드 3·
돈은 재화를 사고팔 때 필요한 교환 수단이다.	골동품은 희소가치가 있다. 자원은 우리 인간들의 무한한 욕망을 다 채워 주기에는 부족한데 이것을 자원의 희소성, 물질의 희소성이라고 한다.	사람들이 물물교환으로 물건을 구매한다. 물물교환은 화폐 결제가 발발하기 이전 단계의 경제활동 방법으로 쌍방 간의 욕구가 일치하기 매우 어렵다.

·질문 카드 1·	·질문 카드 2·	·질문 카드 3·
여러 사람의 손을 거치면서 생산과 거래를 원활하게 해주는 것은 무엇일까?	희소가치, 희소성은 무엇일까?	화폐가 없다면 어떻게 되었을까?

📝 활동 4 : 가정하여 쓰기

다양한 역할과 예상 독자, 형식, 주제 등을 미리 제공해주어 쓰기에 흥미를 갖게 하는 활동입니다. 가정한 대상에 대해 주어진 역할과 형식으로 글을 써야 하기 때문에 상상력과 독창성, 동기를 불어넣을 수 있으며, 글을 깊이 이해하고 폭넓게 학습하는 기회가 됩니다. 창의적인 답을 허용하기 때문에 동기 유발이 활발히 일어나고, 책의 주제에 대한 개념과 내용에 대한 통찰을 얻게 됩니다.

활동지

책 제목	자전거 도둑		
지은이	박완서	출판사	다림

◎ 책을 읽고 다음의 조건에 맞춰 편지를 써보세요.

역할	독자	형식
수남이	자동차 주인	편지글

자동차 주인 아저씨께!

시장 자전거 가게에서 수남이 올림

✏️ 활동 5 : 손 그리기 활동

손의 모양을 이용하여 중심 생각을 보다 쉽게 파악하게 하는 활동입니다. 글을 읽을 때 가장 중요한 활동은 중심 생각을 파악하는 것입니다. 일반적으로 중심 생각 파악하기는 각 문단의 중심 생각 파악하기와 글 전체의 중심 생각 파악하기로 나누어집니다. 문단의 중심 생각을 모으면 글 전체의 중심 생각이 됩니다. 글 전체의 중심 생각 파악하기는 곧 글의 주제 파악이라고 할 수 있습니다.

📝 활동지 ─────────────

◎다음 글 '독서의 필요성'을 읽고, 손바닥에는 '중심 생각'을, 손가락에는 '보조 문장'을 적어보세요.

독서를 하면 풍요로운 삶을 가꿀 수 있다. 사람들은 새로운 세계를 경험해 보고 싶어 한다. 그래서 히말라야 정상에 도전하기도 하고, 달이나 우주에 가보고 싶어서 우주선을 만들기도 한다. 그러나 모든 경험을 직접 해 볼 수는 없다. 독서를 하면 직접 경험하지 못한 세계를 간접적으로 경험하고, 삶을 풍요롭게 가꾸어 나갈 수 있다.

– 초등 4학년 1학기 국어 읽기 교과서(7차 개정) '독서의 필요성' 중에서

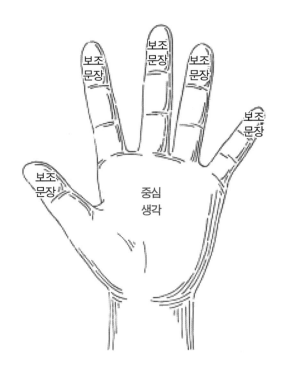

📝 활동 6 : 질문의 답은 어디에(QAR)

질문에 답하기 위해서 어느 곳에 신경을 써야 하는지를 알 수 있게 하는 데 도움을 주는 활동입니다. 라파엘Raphael은 질문을 네가지 유형으로 구분하였습니다. 이는 정답을 바로 찾을 수 있는 질문, 정보를 연결해야 답을 찾을 수 있는 질문, 저자와 나 사이에 답이 있는 질문, 순전히 내 생각으로부터 답을 찾아야 하는 질문입니다. 이 활동을 통해 아이들은 질문에 답을 할 때 다양한 전략의 필요성을 느끼고, 책을 읽으면서 새로 접하게 되는 정보를 사전 지식과 연결해 사고를 활성화하게 됩니다.

활동지

책 제목	다자구 할머니		
지은이	쌈지글방 글, 장은주 그림	출판사	오로라북스

◎다음 부분을 읽고 질문에 답해보세요.

　며칠이 지나도록 병사들은 쩔쩔매고 있었습니다. 장군도 한숨만 푹푹 내쉴 뿐이었습니다. 그러던 어느 날, 한 할머니가 장군을 찾아왔습니다. "장군님, 힘보다는 머리를 써야 할 때가 있는 법이지요. 자, 우리 이렇게 약속을 합시다. 내가 도적들의 소굴에 들어가서 "다자구야!" 하고 큰소리로 외치면 그 소리를 듣고 쳐들어오시구려."

　할머니는 이렇게 말하고는 산으로 올라갔습니다.

　산중턱에 이르러 도적떼가 몰려오자, "다자구야, 다자구야." 하면서 울었습니다.

　"웬 늙은이가 여기서 울고 있는 거야?"

　"이 늙은이에게 '다자구'라는 자식이 있는데, 아, 글쎄 그 놈이 늙은 어미를 버려두고 어디론가 가버렸다오. 그래서 자식을 찾아 이산 속까지 오게 되었지요."

　할머니가 눈물을 닦으며 말하자, "부모를 두고 달아난 자식을 무엇 하러 찾아? 그러지 말고, 우리 일이나 해." 도적들은 할머니를 붙잡아 자기들의 소굴로 데려갔습니다.

① 정답을 바로 찾을 수 있는 질문

할머니는 장군과 어떤 약속을 하였습니까?

---

② 정보를 연결해야 답을 찾을 수 있는 질문

할머니가 장군을 찾아간 이유는 무엇인가요?

---

③ 저자와 나 사이에 답이 있는 질문

할머니가 도적떼 앞에서 울고 있는 이유는 무엇인가요?

---

④ 내 생각으로부터 답을 찾아야 하는 질문

도적들이 할머니를 잡아 소굴로 대려간 다음에 무엇을 하였을까
요?

활동 7 : 자석 요약하기

책을 읽고 난 후에 핵심적인 용어와 개념을 확인하는 데 도움을 주는 활동입니다. 마치 자석이 쇠붙이에 영향을 미치는 것처럼, '자석 단어'는 중요한 정보를 파악하여 자기의 말로 의미 있는 요약을 하는 데 도움을 줍니다. 이 활동은 초등학생부터 고등학생들에게까지 두루 적합합니다. 이를 통해 아이들은 자기 말로 핵심적인 개념을 풀어쓰는 연습을 할 수 있고, 중요한 용어와 개념을 충실하게 이해할 수 있습니다. 또한 중심 생각과 그에 관한 중요한 정보를 확인하는 방법을 익히게 됩니다. 나아가 자신들이 읽은 것을 능동적으로 의미 있게 조합하고 재구성하게 됩니다.

활동지

책 제목	독도는 외롭지 않아		
지은이	이정은 글, 이유정 그림	출판사	키즈엠

◎ 왼쪽에 있는 단어들을 보고, 오른쪽 요약문 중 관련된 내용에 연결해보세요.

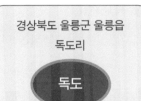

경상북도 울릉군 울릉읍
독도리

독도

울릉도 동남쪽 90키로
0.186평방미터

⇒

독도는 경상북도 울릉군
울릉읍 독도리에 딸린 섬
으로 면적은 0.186평방미
터이고, 울릉도 동남쪽 90
키로에 위치하고 있다.

36개의 바위 섬, 분화구

화산섬

동도와 서도, 화성암

⇒

독도는 화산섬으로
동도와 서도 및 그 주변의
36개의 바위섬으로
이루어져 있으며,
분화구가 있고,
화성암으로 되어 있다.

옛날 : 삼봉도, 가지도, 우산도

화산섬

개척 주민, 돌섬-돍섬-독도
(1881년)

⇒

독도는 옛날에는 삼봉도,
가지도, 우산도 등으로 불
렸으며, 개척 주민에 의해
돌섬으로 불리다가 이것이
돍섬이 되어, 1881년
독도로 개정되었다.

149

◎**요약문** 카드를 종합한 내용의 글을 써보세요.

　독도는 경상북도 울릉군 울릉읍 독도리에 딸린 섬으로 면적은 0.186 평방미터이고, 울릉도 동남쪽 90키로에 위치하고 있다. 또한 독도는 화산섬으로 동도와 서도 및 그 주변의 36개의 바위섬으로 이루어졌으며, 분화구가 있고, 화성암으로 되어 있다. 그리고 독도의 이름은 옛날에는 삼봉도, 가지도, 우산도 등으로 불렸으며, 개척 주민에 의해 돌섬으로 불리다가 이것이 돍섬, 독섬이 되어 1881년 독도로 개정되었다.

📝 활동 8 : 중심 생각 수레바퀴

　중심 내용을 좀 더 분명하게 파악하기 위해 도식을 활용하는 활동입니다. 이 활동을 하며 아이들은 문단의 내용을 완전히 파악한 후 행간의 의미를 파악하여 주제를 찾아낼 수 있습니다.

 활동지

책 제목	저학년을 위한 직업책	출판사	계림북스
지은이	뿌리와 문화 체험 교실 글, 윤유리 그림		

◎다음의 단락을 읽고, 그림 속 수레바퀴 살을 채우고 중심 생각을 써보세요.

　병을 치료할 때 의사는 하얀 가운을 입는다. 공장에서 일하는 사람들은 작업복을 입는다. 학생들이 운동을 할 때는 체육복을 입는다. 그리고 네거리에서 교통정리를 하는 경찰관은 눈에 잘 띄는 경찰관 제복을 입고 일한다.

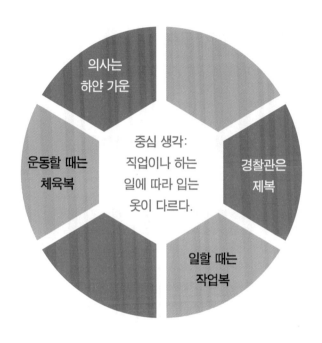

✏️ 활동 9 : 피라미드 다이어그램

글을 읽으면서 필요한 정보를 선택하고 분석해서 어떻게 결론을 이끌어낼 수 있는지 시각적으로 표현할 수 있게 해주는 활동입니다. 이를 통해 필요한 정보를 찾기 위해 독서에 능동적으로 참여하게 되며, 읽은 글을 조직적으로 잘 요약해서 쓰는 훈련을 하게 됩니다.

활동지

책 제목	감각 이야기 33가지		
지은이	차윤선 글, 쌈팍 그림	출판사	을파소

◎ 책을 읽고 우리 몸의 감각 기관에 대한 피라미드 다이어그램을 완성해보세요.

감각 기관

시각, 후각, 미각, 청각 등의 기능으로 세분화된 감각 체계를 통해, 인간 외부의 세계와 접촉이 가능하기 때문에 생명이 유지되고, 이 지구상에서 살아갈 수 있는 것이다.

시각		후각	
시각이 없다면 우리는 아무것도 없는 암흑의 세상에서 살아가야 할 것이다.	안구는 세상에서 유일하게 물로 가득차 있는 카메라로, 생동감 넘치는 세상의 모습을 선명하게 볼 수 있게 한다.	사람은 약 1만여 종의 다른 냄새 성분을 인식할 수 있는 것으로 알려져 있다.	냄새는 콧속의 뒤쪽 천장에 존재하는 약 1~2제곱센티미터 넓이의 후각상피란 곳에서 인식된다.

미각		청각	
실제로는 혀뿐만 아니라 입천장, 입바닥, 뺨의 안쪽 등 입안의 모든 부분과 목 등에서 맛을 감지한다.	동양에서는 음양오행설에 상응하여 단맛, 쓴맛, 짠맛, 신맛, 매운맛을, 서양에서는 단맛, 쓴맛, 짠맛, 신맛을 원미로 파악했다.	고막의 떨림이 전달되어 소리가 생성, 달팽이관이 그를 포착하여 신경신호를 바꾼 다음 두뇌로 보낸다.	반고리관에는 액체로 가득차, 머리를 움직이면 액체도 같이 움직인다. 그 움직임을 감지한 반고리관의 감각기들이 몸의 평형을 유지하도록 해준다.

활동 10 : 플롯plot 조직표

이야기를 분석할 때 이미 알고 있는 글의 구조에 대한 지식을 활용하도록 도와주는 활동입니다. 이야기를 구성하고 있는 핵심 요소들을 그림으로 표현함으로써 이야기의 대상을 시각적으로 볼 수 있게 됩니다. 이 활동이 익숙해지면 글의 내용을 더 잘 이해하고, 플롯 조직표를 머릿속으로 그려낼 수 있게 됩니다.

활동지

책 제목	자전거 도둑		
지은이	박완서 글, 한병호 그림	출판사	다림

◎ 책을 읽고 다음과 같이 플롯 조직표를 완성해보세요.

절정: 수남이가 자전거를 끌고 도망감.

위기: 수남이가 골목에서 자동차와 부딪쳐서 자동차가 긁힘.

결말: 수남이는 가방을 꾸려서 고향으로 감.

전개: 수남이가 낮에는 심부름을 하고 저녁에는 공부를 함.

발단: 수남이가 전기용품 가게에서 일함.

작가가 의도한 주제: 인간의 마음에 자리 잡은 부도덕성에 끊임없이 고민한다.

배경: 세운상가 골목 전기용품 가게

활동 11 : 요약하기

이 활동은 읽은 내용에 대한 기억을 필요로 합니다. 또한 자신만의 방법으로 작성되어야 합니다. 그러다 보면 책에 대해 자신이 이해한 것을 인식하게 되며, 책을 읽는 동안 자신이 이해하기 위해 사용한 전략이 무엇인가를 알게 됩니다. 이 활동은 책을 읽은 다음에 전체 내용을 제대로 파악했는지 판단하게 해주므로 평가 방법으로도 사용됩니다.

활동지

책 제목	강감찬		
지은이	이동렬 글, 박준 그림	출판사	효리원

◎ 책을 읽고 내용을 간략하게 요약해보세요.

◎ **요약문 1**

지금으로부터 100여 년 전, 고려의 어느 마을에 한 아이가 태어났습니다. 아기의 우렁찬 울음소리를 듣고, 사람들은 아기가 장차 큰 인물이 될 것이라고 말하였습니다. 이 아기가 바로 강감찬입니다. 몸집이 작아 친구들에게 놀림을 많이 받았지만, 화를 내거나 기분 나빠한 적이 없었습니다. 꾸준히 공부를 한 강감찬은 서른여섯 살이 되던 해에 과거에 급제하였습니다. 고을의 수령이 된 강감찬은 백성을 사랑으로 보살펴 주었습니다. 강감찬이 일흔한 살이 되던 해였습니다. 고려를 틈틈이 넘보던 거란이 십만 대군을 앞세워 쳐들어 왔습니다. 강감찬은 지혜를 발휘하여 거란의 군사들을 무찔렀습니다. 거란을 물리친 강감찬은 큰 상을 받았습니다.

◎ 요약문 2

강감찬은 몸집이 작아 친구들에게 놀림을 받았다. 꾸준히 공부를 하여, 과거에 급제하였다. 강감찬이 일흔한 살이 되던 해에 거란을 물리쳐 큰 상을 받았다.

◎ 요약문 3

강감찬은 어렸을 때, 몸집이 작아 친구들에게 놀림을 많이 받았지만, 화를 내거나 기분 나빠 한 적이 없었다. 서른여섯 살이 되던 해에 과거 급제를 하였다. 그가 일흔한 살이 되던 해에는, 지혜를 발휘하여 거란의 침입을 막아내었다.

✐ 활동 12 : 의미 지도 그리기

중심 개념과 중심 내용을 구체적으로 연결해주는 시각적인 표시 방법입니다. 글의 개요도라고 할 수 있습니다. 이 활동은 모든 교과, 모든 학년에 다양하게 적용할 수 있습니다.

책 제목	우리 땅 독도		
지은이	김경희 글, 박순구 그림	출판사	과학동아북스

◎책을 읽고 의미 지도의 빈칸을 채워보세요.

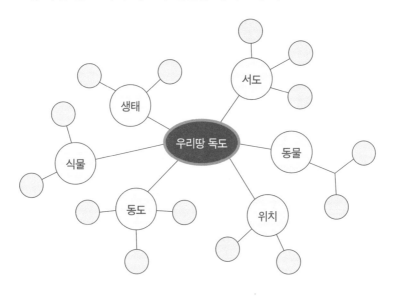

✎ 활동 13 : 오류 찾기

책에서 읽은 내용에 대한 사실적 정확성과 부정확성, 논리적 오류를 알아내고 발견하는 능력을 기르기 위한 활동입니다. 정확한 문장 사이에 몇 개의 부정확한 내용이나 비논리적인 사항을 포함시켜서 제시하고, 아이들로 하여금 잘못된 문장과 그 오류를 찾아내도록 하는 활동입니다. 이 활동을 통해서 아이들은 주의 깊은 독서와 논리적 사고를 바탕으로 책을 읽어야 한다는 것을 알게 됩니다. 이 활동은 지식을 습득한다기보다는 지식을 적용하고 설명하는 방법이므로 아이들이 책을 읽고 관련 내용을 배운 상황에서 활용하는 것이 좋습니다. 오류 찾기 활동에서 제시하는 글과 내용들은 신중하게 작성되어야 합니다.

 활동지

책 제목	이순신		
지은이	김종렬 글, 백보현 그림	출판사	비룡소

◎다음은 한 학생이 책을 읽고 쓴 글입니다. 오류 사항에 밑줄을 긋고 잘못된 이유를 설명해보세요.

일찍이 이이는 백만 양병설을 진언한 바 있었다. 그러나 이런 말은 들은 채도 않고 관리들은 민중을 수탈하는 데만 관심이 있는데 왜적이 침입해 오니, 그 무슨 수로 적을 막아낼 수 있겠는가.

그러나 오직 한 사람이 말 없는 가운데 왜적들의 칼에 대비할 무기를 만들고 있었으니, 바로 전라좌수사 이순신이었다. 그는 부임하자마자 거북선 연구에 몰두하였다. 그는 거북과 자라를 잡아다가, 그 헤엄치는 모습을 바라보고 또 땅에 올라 기어 다니는 모양을 세심하게 관찰하였다. 또 거북과 자라의 등을 만져보기도 하고, 두꺼운 껍질을 딱딱 두드려보기도 하며 관찰에 열중하였다.

마침내 자신을 얻은 이순신은 <u>그림에 능하고 설계 도면에 밝은</u>
<u>기술자를 불러 설계도를 그리기 시작했고</u>, 설계도가 완성되자 그
의 기쁨은 말할 수 없이 컸다. 날이 밝자 이순신은 도편수를 불러
제작에 박차를 가하였다.

　　이순신이 설계하여 만든 거북선은 <u>중국의 포선의 모양을 참고</u>
<u>하여 만든 장갑선이었다.</u> 배 위에 덮개를 덮고, 쇠못을 박아 적병
이 뛰어들지 못하게 하였으며, 좌우현에 각 6개, 전후현에 각 1개
의 포가 장치되어 있었다. 크기는 대략 길이가 28미터, 폭이 8.75
미터인데, 주로 방어용으로 사용되었다. 보기에는 둔한 듯하나 살
같이 빨랐으니, 여기에 거북선의 비밀이 있는 것이다.

① 오류 문장 : 그림에 능하고 설계 도면에 밝은 기술자를 불러 설계도
를 그리기 시작했고

잘못된 이유 : 뒤에 보면 이순신이 설계했다고 나옴.

② 오류 문장 : 중국의 포선의 모양을 참고하여 만든 장갑선

잘못된 이유 : 거북과 자라를 관찰하여 만들었다고 함.

✐ 활동 14 : 대조표

읽은 책에서 나온 개념들을 활발하게 활용해볼 수 있는 활동입
니다. 부모나 교사는 아이들이 개념들을 항목화하여 써내려갈 수
있도록 주제와 관련되거나, 대조되는 개념의 범주를 분명히 알고
있어야 합니다. 대조표는 개인별, 소집단별, 학급별로 만들 수 있는
데 소집단별로 만들 때가 가장 효율적입니다.

 활동지

책 제목	왜 삼별초는 최후까지 싸웠을까?		
지은이	강재광 글, 이주한 그림	출판사	자음과모음

◎ 책을 읽고 몽고 침입 전후의 고려 상황을 대조해보세요.

몽고 침입 전의 상황	몽고 침입 후의 상황
① 고려는 자주국가였다.	① 고려가 몽고의 부마국이 되었다.
② 고려 고유풍이 유행하였다.	② 몽고 영향을 받은 몽고풍이 유행하
③	였다.
④	③
⑤	④
	⑤

🖊️ 활동 15 : 역사의 기억 주머니

역사 과목의 문제, 해결 관계를 강조한 활동입니다. 역사가 단순한 사실만으로 이루어진 것이 아님을 강조하며, 개념 지도의 형식을 띠고 있습니다. 역사책에 등장하는 개념과 중심 생각 가운데 기억해야 할 정보들 간의 관계에 대해 알 수 있게 하는 데 효과적인 활동입니다. 또한 역사 교과서를 읽으면서 접하는 핵심적 사실의 중요성을 느끼고, 이를 학습하는 데 집중할 수 있게 합니다. 역사 용어를 대할 때, 중요한 용어에 대해 개별적이고 단편적인 사실을 암기하기보다는 다양하고 많은 관계를 파악하여 개념을 이해할 수 있도록 돕는 활동입니다.

 활동지

책 제목	한눈에 쏙! 우리 역사		
지은이	서울대학교 뿌리깊은 역사나무	출판사	드림피그

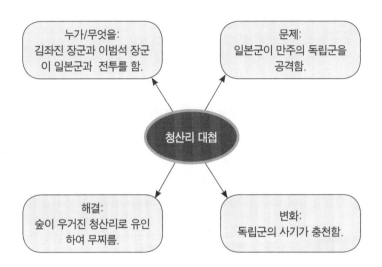

누가/무엇을:
김좌진 장군과 이범석 장군이 일본군과 전투를 함.

문제:
일본군이 만주의 독립군을 공격함.

청산리 대첩

해결:
숲이 우거진 청산리로 유인하여 무찌름.

변화:
독립군의 사기가 충천함.

◎앞의 기억 주머니를 참고해 다음의 빈칸을 채워 넣으세요.

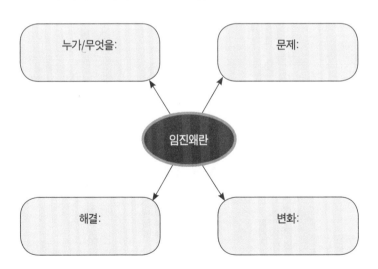

누가/무엇을:

문제:

임진왜란

해결:

변화:

활동 16 : 순환 조직자

순환 조직자는 사건이 일어난 순서대로 원을 그려 배열한 도표입니다. 이는 사건의 시간적 흐름을 파악하고, 일의 결과와 원인을 알아보는 데 효과적인 활동입니다. 때문에 시간적 흐름에 따른 소설이나 기행문 형식의 글에 적합합니다.

활동지

책 제목	여보세요, 생태계 씨! 안녕하신가요?		
지은이	윤소영 글, 이유정 그림	출판사	낮은산

◎ 책을 읽고 다음의 도표를 완성해 보세요.

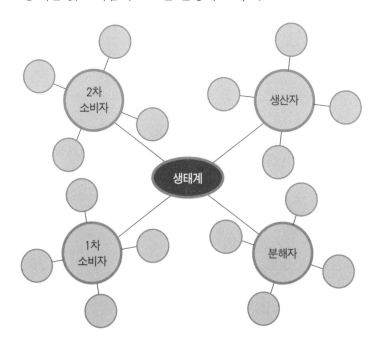

· PART 2 ·

출력

+ 말하고 쓰기 +

독서

출력 독서를 완성하는 비경쟁 독서 토론과 독후감 쓰기

1장

이 장에서 강조하고자 하는 것은 본격적인 출력 활동입니다. 책을 읽고 나서 해야 하는 활동으로는 말하기와 쓰기가 있습니다. 그렇다면 무엇을 말하고, 무엇을 써야 할까요?

요즘 학교 현장에서 가장 많이 이루어지고 있는 독서 토론은 찬반 대립 토론입니다. 이는 주어진 논제에 찬성과 반대로 나뉘어 서로 경쟁적인 구조 속에서 자신의 논리로 상대를 제압하는 형식으로 이루어집니다. 이런 형식 때문에 승자는 우월감을, 패자는 열등감을 갖습니다. 이런 토론은 출력 독서에 아무런 도움이 되지 못합니다. 이 장에서는 이런 찬반 대립 토론에서 벗어나, 자신의 생각을 다른 아이들과의 토론을 통해서 토론자들 모두의 생각과 의견으로 확대하고 재생산해가는 '비경쟁 독서 토론'을 제안하고자 합니다.

쓰기 역시도 마찬가지입니다. 초등학생들이 가장 싫어하면서도 무서워하는 것이 바로 독후감 쓰기입니다. 그것도 반드시 '검사'를 동반합니다. 책만 읽었으면 다 된 것 아니냐고 목청을 높입니다. 심지어 독후감이 싫어서 읽기를 포기하는 경우도 다반사입니다. 독서의 최종 목적지는 쓰기입니다. 이 장에서 다루어지는 독후감 쓰기에 대한 새로운 제안은 출력 독서의 완성이라고 할 수 있습니다. 출력 독서의 완성을 가능하게 하는 독후감 쓰기의 새로운 방법과 사례를 소개할 것입니다. 지금부터 출력 독서의 완성을 위한 비경쟁 토론의 방법과 독후감 쓰기에 대한 실천 방법과 사례를 주의 깊게 살펴보고자 합니다.

01
비경쟁
독서 토론하기

현재 학교에서 이루어지는 토론은 약속이라도 한 듯 거의 대립 토론입니다. 책을 읽고 하는 독서 토론마저도 대립 토론으로 이루어지고 있습니다. 문제는 여기서 그치지 않습니다. 교사가 추천한 책을 아이들이 읽고, 아이들이 토론해야 하는 논제도 교사가 제시합니다. 아이들은 그저 주어진 논제에 따라 찬반으로 나뉘어 각자의 입장을 이야기합니다. 그렇다면 아이들은 누구의 생각으로 토론해야 할까요? 아이들은 자신의 생각을 가지고 토론한다고 이야기하지만, 실상은 교사가 제시한 논제에 자기의 생각을 맞추어 토론합니다. 마치 정답 찾기 같아 보입니다.

물론 아이들에게 토론의 중요성을 가르치고 주어진 논제와 토론 형식을 가르쳐야 한다는 생각에 동의하지 않는 것은 아닙니다. 그러나 대립 형식의 토론을 마치고 나면 아이에게 남는 것은 자신이 논리가 약해서 패배자가 되었다는 생각뿐입니다. 이러한 독서 토론은 문제점이 개선되지 않은 채 현재도 학교 현장에서 활발하게 이루어지고 있습니다. 독서 토론의 궁극적인 목표는 승패를 가르는 것이 아닙니다. 아이들끼리 책을 매개로 서로 존중하고 공감하며, 다름을 인정하는 것이 궁극적인 목표일 것입니다.

　인문학적인 소양과 핵심 역량을 기르기 위한 것이 독서 교육의 본질이라면, 이제 독서 토론의 방향이나 목적도 아이들의 경쟁이나 대립이 아닌, 자유로운 사고를 바탕으로 하는 '비경쟁 토론'으로 바뀌어야 합니다. 필자는 독서 토론의 새로운 대안으로 '비경쟁 독서 토론'을 제시하고 싶습니다.

1) 비경쟁 독서 토론이 추구하는 세 가지 목표

(1) 정직한 독자 만들기

　정직한 독자란 책을 읽고 자신이 느낀 감정과 글의 해석 및 감상에 대해서 정직한 독자를 의미합니다. 글을 읽고 주어진 질문의 답만을 맞추는 독서는 그 순간부터 죽은 독서입니다. 발전적인 독서 활동을 위해서는 우리 아이들을 책 속에서 느낀 자신만의 감정과 생각을 스스로 이야기하고 자신만의 해석으로 풀이하고 설명할 수 있는 정직한 독자로 만들어야 합니다.

　'자신'이 가진 생각과 선택, 감정, 느낌 등이 빠진 독서는 정직하지 못한 독서입니다. 경쟁을 목적으로 하는 토론은 자신의 정직한 감정이나 생각을 속이게 됩니다. 자신의 정직한 감정이나 생각보다는 논리적인 형식으로 판단하여 상대를 이기기 위한 논리와 해석이 우선이 되어야 하기 때문입니다. 그렇게 읽은 책은 결코 아이를 좋은 독자로 만들지 않습니다. 오히려 책을 읽고 성장하는 데 장애가 됩니다. 이런 아이들에게는 그저 그 책을 '읽었다'는 기억 말고는 없습니다. 책에 등장하는 주인공의 감정이나 사건의 특징을 주어진 논제에 맞추어서 찬반의 논리를 만들어내는 이기적인 선택과 판단만 우선할 뿐입니다. 그렇기 때문에 찬반 토론을 마치고 나면 읽은 책에 대한 모든 감정은 기억나지 않고 오직 승패의 결과만 기억에 남게 됩니다. 이런 독서는 아이들을 책에서 멀어지게 할뿐 아니라 어른이 된 후에도 책을 읽지 않게 됩니다. 본질이 사라진 자리에는 형식과 결과만 남게 되지요. 이런 독서는 늘 주어진 문제에 답을 찾으려고 하는 것이기 때문에 독자에게 자유로운 생각과 판단, 정직성을 기대하기 힘듭니다.

(2) 질문하는 독자 만들기

읽기는 입력 과정입니다. 독서는 지식의 입력, 감정의 입력, 정보의 입력이 활발하게 일어나는 활동입니다. 반면에 토론은 출력 과정입니다. 질문은 입력과 출력 사이에서 일어나는 자발적인 과정입니다. 질문은 궁금증과 호기심에서 나옵니다. 질문 만들기에는 누구도 개입하지 말아야 합니다. 그러나 우리는 이런 중요한 과정을 놓치고 있습니다. 때문에 책을 읽고도 자신의 생각이나 감정을 바르게 이야기하지 못하고 주어진 질문에 답만을 찾으려는 과정을 반복합니다. 비경쟁 독서 토론의 첫 걸음은 '나만의 질문 만들기'에서 출발합니다. 그렇다면 무엇을 질문해야 할까요?

기억만으로 답을 찾을 수 있는 사실 확인 질문에서부터 깊게 생각해야 하는 추론적 질문에 이르기까지, 모든 것을 열어놓고 시작하는 것이 좋습니다. 이러한 질문은 본격적인 토론으로 가는 출입구와 같습니다. 개개인이 질문을 만들고 서로의 질문을 자유롭게 공유하며 질문의 답을 생각하는 순간부터 아이들의 생각은 깊어집니다. 질문이 없는 독서는 침묵의 독서입니다. 토론은 서로의 생각을 활발히 나누고 확대해가는 의미 있는 출력 활동입니다. 이제라도 각자의 생각을 가지고 질문하며 자유롭게 의견을 나눌 수 있는 토론이 확산되었으면 합니다.

(3) 토론하는 독자 만들기

자신이 만든 질문을 가지고 다른 아이들과 이야기하는 과정은 비경쟁 독서 토론에서 가장 중요합니다. 이런 과정을 통해서 책에 대한 다양한 의견과 서로 간의 사고를 깊고 넓게 확대해갈 수 있기 때문입니다. 그러나 많은 아이들이 대립 토론을 중심으로 이루어지는 독서 토론으로 인하여, 서로의 다양한 감정과 생각보다는 현란한 지식과 논리만이 앞서는 독서를 하고 있습니다. 이러한 현상은 토론에 대한 본질과 목적에도 부합되지 않을뿐더러 독서에 대한 부정적인 인식을 갖게 하는 부작용을 낳기도 합니다. 진정한 의미의 독서 토론은 책을 읽기 전에 가졌던 자신의 생각이 깨지고 다른 생각이 들어와 자신의 생각과 가치와 판단 등을 흔듭니다. 그러한 과정을 통해서 이전에는 생각하지 못한 새로운 관점과 해석을 갖게 됩니다. 그런 시간과 경험이 늘어갈 때 우리는 독서의 본질과 토론의 본질에 점점 더 가까워지게 됩니다.

2) 비경쟁 독서 토론 순서와 방법

비경쟁 독서 토론은 경쟁과 승패를 우선하는 찬반 독서 토론에서 벗어나고자 하는 독서 토론 활동입니다. 비경쟁 독서 토론을 통해 우리는 정직한 독자, 질문하는 독자, 토론하는 독자가 되기를 기대합니다. 비경쟁 독서 토론은 선택한 책을 각자 읽고 스스로 토론에 필요한 질문을 만든 다음, 비슷한 질문을 가진 아이들끼리 모둠을 만들어 나누고 싶은 질문을 선정하고, 그 질문을 가지고 모둠별로 자유롭게 토론하는 것입니다. 중요한 점은 아이들 스스로 개인과 모둠에서 만든 질문과 토론의 주제를 인정하는 것입니다.

출력 독서에서 강조하는 비경쟁 독서 토론의 순서와 방법에 대해서 구체적으로 살펴보도록 하겠습니다.

1단계 : 토론할 책 선정하기

가장 먼저 토론에 적합한 책을 선정해야 합니다. 책을 선정하기 어렵다면 교과서에 나오는 이야기도 좋습니다. 아이들이 읽기에 적절한 이야기들은 읽기 교과서에도 있고 도덕 교과서 등에도 있습니다. 그러나 교과서에 등장하는 이야기들은 축약되어 있는 것이 많기 때문에 가능하다면 전체 학생이 모두 읽을 수 있는 책으로 선정하는 것이 좋습니다. 그림책도 좋고 아이들이 읽는 데 부담이 없는 100~120쪽 정도 분량의 책도 좋습니다. 책 선정이 어렵다면 1부 2장에서 소개했던 '책 선정을 위한 체크리스트'(65~66쪽)를 참고하는 것도 좋습니다. 필자는 구체적인 실천 사례를 소개하기 위하여《버스 놓친 날》(장 뤽 루시아니 지음, 김동찬 옮김, 청어람주니어)을 예로 들어 설명하겠습니다.

이 책은 프랑스 작가의 책입니다. 편집강박 장애를 가진 주인공이 혼자만의 힘으로 일상에서 벗어나 뜻밖의 세상을 경험하고 돌아오는 이야기인데요. 그 안에는 많은 생각거리가 있습다. 이 이야기를 통해서 저자는 사람마다 정해놓은 자신만의 '울타리'에 갇혀 살아가고 있는 우리에게 우리의 일상과 삶에 대한 진지한 질문을 던집니다. 질문 만들기나 자신의 생활과 비교하면서 많은 생각과 감정을 나누기에 좋은 책입니다.

2단계 : 책 읽고 각자의 질문 만들기

비경쟁 독서 토론에서는 이 과정이 가장 중요합니다. 처음부터 질문을 만들라고 하기보다는 교사가 안내하여 이야기의 사실을 확인하는 질문부터 시작하여 서로 하고 싶은 이야기를 나눌 수 있는 단계로 나아가는 것이 좋습니다. 이 경우 질문은 혼자 만들지만 3~4명 정도가 모여서 각자의 질문을 나누면 더욱 좋습니다. 자신이 생각하지 못한 친구의 질문을 듣고 다시 질문을 만들거나, 질문의 수준을 파악하고 생각을 깊게 해야 하는 질문으로 수정할 수 있기 때문입니다.

질문을 만드는 가장 쉬운 방법은 육하원칙을 생각하는 것입니다. 읽은 책의 내용을 바탕으로 '누가, 무엇을, 언제, 어디서, 왜, 어떻게'의 여섯 가지 항목에 맞게 질문을 만들어보는 것입니다. 이렇게 하면 책 내용에 대한 기본적인 사실 관계를 파악하는 데 좋습니다. 책 내용의 사실 관계를 파악하고 나면, 그 다음으로는 다른 사람과 이야기를 나누는 데 필요한 질문을 만들 수 있습니다. 이렇게 내용 파악을 한 후에 토론을 위한 질문을 만들어보게 하는 것이 좋습니다. 질문을 만들기 위한 방법으로 다음의 세 가지를 참고하는 것도 좋습니다.

① 책 읽고 질문 만들기

책을 읽다가 자신이 궁금한 내용을 간략하게 정리하게 하는 방법입니다. 쪽수가 많은 책보다는 그림책이나 간단한 동화를 활용하는 게 효과적입니다. 그림책에 쪽수가 표시되어 있지 않을 경우, 임의로 간단하게 쪽수를 표시하여 몇 쪽의 내용으로 질문을 만들었는지 알게 하는 것이 좋습니다. 이 방법은 저학년이나 읽기 능력이 부족한 아이들이 책을 읽고 궁금한 점을 찾아내기 위한 질문을 만들거나 토론 주제를 정하기 전 단계의 활동으로 좋습니다.

쪽수	책의 내용	나의 질문 혹은 궁금한 점
표지	버스 놓친 날	이 버스는 스쿨버스인가? 아니면 현장학습 가서 버스를 놓친 것인가?
8쪽	어… 어… 어… 그런 것	왜 주인공은 이런 말을 자주 반복할까? 장애가 있는 것은 아닌가?
69쪽	주인공이 알고 있는 모든 사람들의 전화번호를 외운다.	왜 주인공은 숫자놀이를 즐겨하는가? 주인공이 가진 장애와 관련이 있는가?
78쪽	이야기의 작은 제목이 '대항해'다.	이야기의 작은 제목을 '대항해'라고 한 이유는 무엇일까?

② 항목별로 질문하기

질문 항목과 질문 내용에 대해 충분하게 설명하고 아이들에게 자신의 생각과 감정을 적어보라고 하는 것이 좋습니다. 내용의 독해나 질문 만들기를 이해하는 데 효과적인 방법입니다. 질문의 항목은 고학년 정도가 되어야 이해하기 쉽습니다.

질문 항목	질문 내용	나의 생각
①원인 찾기	왜 주인공에게 이런 일이 생긴 걸까요?	주인공의 집에 아침에 자명종이 울리지 않았다.
②설명하기	주인공이 장애를 가진 학생이라는 구체적인 예를 들어보세요.	편집 장애를 가진 학생이다. 정해진 시간과 장소에 반드시 그 일을 하지 않으면 불안해한다.
③다른 관점에서 보기	주인공이 학교로 가는 버스를 길 건너편에서 타지 않았다면 어땠을까요?	학교에 지각을 했을지는 몰라도 이런 일은 생기지 않았을 것이다.

④비교하고 분석하기	주인공 주변의 인물 중에서 교장선생님과 엄마의 성격을 비교해보세요.	교장선생님은 늘 꼼꼼하고 철저하다. 학생을 사랑하는 마음은 엄마와 같지만 엄마는 자식에 대한 사랑이 언제나 모든 것에 우선한다.
⑤주제 찾기	이 책의 주제는 무엇인가요?	장애는 누구에게나 있다. 그러나 그 장애를 어떻게 극복하는가는 주변의 사람들과도 관련이 있다.
⑥작가의 메시지 찾기	이 책이 우리에게 주는 메시지는 무엇인가요?	누구나 가진 장애를 숨기지 말고 세상 밖으로 나와서 다른 사람들과 섞여 살면서 이겨내야 한다.

③ 궁-경-상-추-토-꼭-마-질로 정리하기

'궁-경-상-추-토-꼭-마-질'은 아이들이 암기하기 편하게 하기 위해서 앞 글자만 모아서 만든 것입니다. '궁'은 책 내용 중에서 궁금한 것, '경'은 책 내용 중에서 자신이 경험한 것, '상'은 '만약에 나라면……'이라고 생각한 부분, '추'는 '등장인물의 마음이 어땠을까' 하는 추측, '토'는 책의 내용 중에서 토론거리라고 생각하는 부분, '꼭'은 책에서 꼭 기억할 내용, '마'는 책에 등장하는 마음에 드는 문장, '질'은 내가 만든 질문입니다.

개인별로 다음의 표처럼 내용을 작성하게 하고 모둠별로 각자의 작성 내용을 살펴보면서 의견을 나눕니다. 다음으로 모둠에서 좋은 질문과 토론거리를 선정하여 본격적인 토론에 적용하는 단계로 진행하면 좋습니다. 표는 비경쟁 독서 토론의 질문 만들기 단계에서 자주 사용하는 양식입니다. 저학년도 쉽게 이해할 수 있으며 고학년이라면 다양하게 활용이 가능합니다.

쪽수	항목	생각
		궁: 궁금한 것, 경: 경험한 것, 상: 만약에 나라면… 추: 등장인물의 마음, 토: 토론거리, 꼭: 기억할 내용 마: 마음에 드는 문장, 질: 내가 만든 질문 궁-경-상-추-토-꼭-마-질로 기억하자!
7	경	나도 주인공처럼 8:2로 가르마를 탄다.
12	궁	주인공이 어떤 장애가 있어서 '어…… 어'라고 말하고 '못 참아'라고 하는가?
31	궁	왜 여자아이는 다른 방향의 버스를 가르쳐주었을까?
32	추	학교와 다른 방향으로 가는 버스를 탄 주인공의 마음은 어땠을까?
55	질	왜 사람들은 주인공을 장애인이 아닌 저능아라고 하였을까?
65	경	나도 식사시간을 철저하게 지키는데 주인공도 그렇네…….
70	궁	주인공은 왜 숫자에 집착을 할까?
71	토	장애를 가진 학생이나 친구를 어떻게 도와주어야 할까?
78	궁	'대항해'라는 작은 제목은 무슨 의미일까?
78	추	등장인물이 세상에 나온 것을 '대항해'라는 말로 표현하는 것은 아닐까?
77	질	'자기 세계 안'에 자기 자신밖에 없는 사람은 누구일까? 이 말은 뭘까?
89	꼭	나 혼자의 힘으로 세상 끝까지 가는 거야.
93	궁	주인공은 '어떻게 집에 돌아갈 수 있을까?'

이상의 세 가지 방법 중에서 책의 내용과 학년 그리고 아이들의 수준을 판단하여 가장 적절한 내용을 바탕으로 토론에 필요한 질문을 만들어 본격적인 토론을 진행하면 됩니다. 필자의 반 아이들이 만든 토론에 필요한 질문입니다.

- 작가는 왜 장애를 가진 인물을 설정하였는가?

- 만약 버스를 놓치지 않았다면 이야기의 전개는 어떻게 변했을까?

- 장애를 가진 학생이 교실에 있다면 어디까지 도와주어야 하는가?

- 장애인을 위한 시설물 관리는 누가 해야 하는가?

- 장애를 가진 부모는 어떤 역할을 해야 하는가?

- 장애인은 늘 특별한 대우를 받아야 하는가?

- 나라가 장애인을 위한 투자를 늘려야 하는가?

- 우리 학교는 장애인을 위한 시설이 만족스러운가?

- 장애인에게도 일반적인 규칙을 엄격하게 적용해야 하는가?

- 버스를 놓쳐서 일상을 탈출한 것은 잘 된 일 아닌가?

- 우리도 일상을 탈출하고 싶은데 가능한가?

- 늘 정해진 일을 하고 정해진 장소와 순서와 시간대로 사는 것이 과연 좋은 일인가?

- 우리도 자신만 아는 장애를 가진 것은 아닌가?

3단계 : 모둠을 만들어 각자가 만든 질문 키워드별로 분류하기

2단계에서 만든 질문을 모둠을 만들어서 모아봅니다. 3~4명 정도가 한 모둠이 되어서 활동하면 좋습니다. 가정에서라면 부모나 가족들과 이야기하면 좋습니다. 이렇게 모아진 질문은 비슷한 사례별로, 즉 몇 개의 키워드로 묶어 분류하는 작업이 필요합니다. 어떤 책이든 저자가 전달하려는 메시지나 주제가 있습니다. 키워드는 세 개 정도가 적당합니다. 키워드가 너무 많으면 토론의 초점이 흐려지기 때문입니다. 고학년이라면 다섯 개 정도로 늘려보는 것도 좋습니다. 키워드는 교사가 설정하기보다 아이들이 모둠별로 만들어보는 것이 좋습니다만, 처음 시작 단계에서는 부모나 교사가 안내해주는 것도 좋습니다. 이런 순서로 진행하면 아이 스스로 키워드를 중심으로 질문을 만들기 쉽기 때문입니다.《버스 놓친 날》을 읽고 각자가 만든 키워드 중심의 질문은 다음과 같습니다.

키워드	질문
장애(인)	- 장애를 가진 학생이 교실에 있다면 어디까지 도와주어야 하는가? - 장애인을 위한 시설물 관리는 누가 해야 하는가? - 장애를 가진 부모는 어떤 역할을 해야 하는가? - 장애인은 늘 특별한 대우를 받아야 하는가? - 나라가 장애인을 위한 투자를 늘려야 하는가? - 우리 학교는 장애인을 위한 시설이 만족스러운가? - 장애인에게도 일반적인 규칙을 엄격하게 적용해야 하는가?

2부_출력 독서, 말하고 쓰기

보살핌/돌봄	- 부모의 지나친 보살핌은 또 다른 장애가 아닌가? - 부모는 나를 언제까지 보살펴줄 수 있는가? - 부모의 보살핌은 사랑인가? 집착인가?
세상	- 버스를 놓쳐서 일상을 탈출한 것은 잘 된 일 아닌가? - 우리도 일상을 탈출하고 싶은데 가능한가? - 늘 정해진 일을 하고 정해진 장소와 순서와 시간대로 사는 것이 과연 좋은 일인가?

4단계 : 키워드 중심의 모둠별 질문 만들기

이제 모둠별로 키워드를 중심으로 질문을 만들고 분류하는 단계입니다. 3단계에서 만들어진 키워드를 중심으로 자신의 질문을 생각하면서 모둠별로 질문을 만드는 과정입니다. 모둠별로 한 가지 키워드에 3~4개의 질문을 만들어 포스트잇에 적은 후 일정한 장소에 부착하면 됩니다. 이때 질문의 난이도에 너무 신경 쓰지 않는 것이 중요합니다. 질문은 자신만의 생각과 모둠별로 나누고 싶은 이야기입니다. 그런데 난이도를 생각하면 문제 출제와 같게 느껴져 독서 토론의 본질과 목적을 상실하게 됩니다. 세 개의 키워드 모두에 3~4개의 질문을 만드는게 어렵다면, 상황에 따라 2~3개로 만들어도 좋습니다.

키워드	질문
장애(인)	– 몸이 불편하면 누구나 장애인일까? – 나쁜 습관이나 버릇도 장애일까? – 신체장애를 가진 사람만 장애인인가?
보살핌/돌봄	– 초등학생에게 보살핌이란 어느 정도를 말하는가? – 지나친 보살핌은 정말로 나쁜 것인가? – 장애인만을 위한 보살핌은 또 다른 편애 아닌가?
세상	– 우리에게(초등학생) 세상이란 어떤 의미인가? – 세상이 우리에게 기대하는 것은 무엇인가? – 세상은 장애인에게도 공평한가?
기타	– 우리는 무엇을 가장 두려워하는가? – 작은 일탈도 여행이 될까? – 나에게 선생님의 영향력은 부모보다 앞설까?

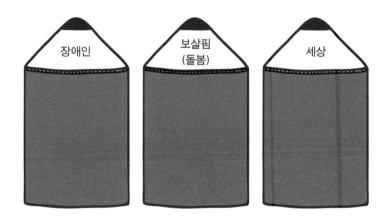

2부_출력 독서, 말하고 쓰기

5단계 : 질문 유목화하기

4단계에서 키워드별로 만들어진 다양한 질문을 다시 비슷한 질문들로 묶는 단계입니다. 비슷한 질문들로 다시 묶어내면 구체적으로 몇 개의 모둠 활동이 가능한지 알게 됩니다. 책을 읽고 만들어지는 질문은 학생 수만큼이나 다양합니다. 질문 수가 너무 많거나 다양하면 토론하기에 부적절하고 소란이 일어나기 때문에 키워드를 중심으로 유목화하거나 분류하는 것이 좋습니다. 부모나 교사가 보기에 아이들이 만든 질문의 수나 수준이 다양할 수 있지만, 유목화하거나 분류하는 데 큰 어려움은 없습니다. 중요한 것은 아이 스스로 질문을 만들어본다는 것이고, 내용의 사실을 확인하는 질문이 아닌 생각의 깊이나 수준을 깊게 하는 질문을 만들어내는 과정이 중요합니다. 비슷한 질문으로 다시 묶다 보면 질문의 수준이나 토론에 적절한 질문인지 아닌지를 판단하기에 좋습니다.

6단계 : 질문에 대한 각자의 생각 발표하기

모둠에서 만든 질문의 내용에 대해서 간단하게 다른 아이들에게 발표하는 시간이 필요합니다. 이 경우 자신이 만든 질문은 무엇이고, 왜 그런 질문을 만들게 되었는지를 책 속의 내용과 연결하여 설명하면, 같이 토론하는 아이들끼리 왜 저런 질문이 만들어졌는지 쉽게 이해하게 됩니다. 이 과정은 비경쟁 독서 토론의 기초가 되어, 자연스럽게 본격적인 단계로 들어가게 됩니다. 다음은 아이들이 발표한 질문을 요약한 것입니다. 참고하시기 바랍니다.

정○○ : 주인공의 행동을 일반인이 이해할 수 있을까?

김○○ : 부모의 심정은 어땠을까?

우○○ : 교장선생님의 판단은 옳은가?

유○○ : 버스 타는 곳을 잘못 가르쳐준 학생 때문에 세상을 이해하게 되었는데 그 학생에게 죄를 물어야 하나?

최○○ : 모든 학생들이 주인공에게 다 매달려야 하는가?

송○○ : 버스 안에 탄 사람들이 주인공에게 한 행동은 옳은가?

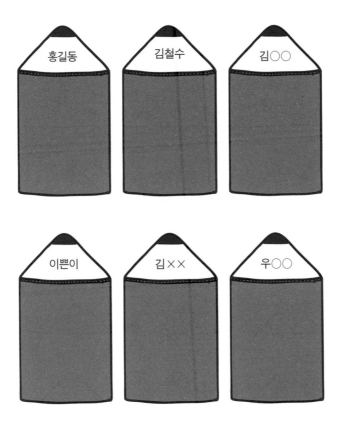

2부_출력 독서, 말하고 쓰기

7단계 : 토론할 질문 선정하기

키워드 수와 질문 수를 줄이고 토론할 질문을 확정해야 합니다. 모둠별로 키워드 하나에 2~3개의 질문으로 압축하는 것이 좋습니다. 질문 수가 너무 많으면 초점이 흐려지거나 사실 확인보다 못한 토론으로 변질되기 쉽기 때문입니다. 어떤 주제로 토론하는지 다른 사람도 알 수 있게 표시하고 토론하는 것이 좋습니다.

- 키워드 : 장애(인)
- 토론 질문 1 : 장애를 가진 친구를 어디까지 도와주어야 할까?
- 토론 질문 2 : 우리 학교나 주변은 장애인이 생활하기에 불편하지 않은가?
- 토론 질문 3 : 우리도(나도) 장애인이 아닐까?

8단계 : 질문에 대한 토론하기

이제 본격적으로 정해진 질문에 대한 토론을 하는 순서입니다. 이 토론은 경쟁을 위한 것이 아니기 때문에 자유롭게 자신의 생각을 이야기하면 됩니다. 이 단계는 질문하고 답하는 과정으로 이루어집니다. 학년 수준에 따라 토론 시간을 정하는 것이 좋습니다. 키워드 수나 질문 수에 따라 시간을 조정하면 되는데요. 대체로 한 가지 질문에 10~15분 정도가 좋습니다. 초등학생들은 20분이 넘지 않도록 하는 것이 적절합니다. 시간이 길어지면 집중력이 떨어져서 초점이 흐려지기 때문입니다. 토론은 자신이 참여하고 싶은 질문이나 키워드가 있는 곳으로 이동하여 다른 모둠 아이들과 자유롭게 하면 됩니다. 토론 인원으로는 4~6명 정도가 적당한데, 찬반 대립 토론에서처럼 '입론서'를 작성하여 '읽는' 토론은 하지 말아야 합니다. 준비한 책을 가지고 간단하게 메모하면서 각자의 생각을 자유롭게 이야기하는 것이 좋습니다. 다음의 사례를 참고하기 바랍니다.

- 토론 주제: 장애를 가진 친구를 어디까지 도와주어야 할까?
- 참가 학생: 김○○(이하 김). 최○○(이하 최), 우○○(이하 우), 유○○(이하 유), 정○○(이하 정)

정 : 지금부터 우리 모둠의 토론 주제인 '장애를 가진 친구를 어디까지 도와주어야 할까?'를 주제로 토론을 시작하겠습니다. 자리를 정돈하시고 토론 준비를 해주세요.
그럼 지금부터 토론을 시작하겠습니다. 먼저 이 책을 읽은 각자의 생각부터 이야기 해보겠습니다. 누가 먼저 이야기할까요?

김 : 제가 먼저 이야기하겠습니다. 먼저 이 책을 너무 재미있게 읽었습니다. 그리고 장애에 대해 평소에 가진 제 생각을 다시 생각하게 되었고요. 특히나 주인공이 가진 편집 장애에 대해서도 다시 알게 된 재미있는 책이었어요.

우 : 저는 동생이 이와 비슷한 증세가 있어서인지 너무 몰입해서 읽었어요. 내 동생과 같은 일들이 곳곳에 보여서 우리집 이야기 아닌가, 하

는 생각으로 읽었습니다.

유 : 작년에 우리 반에 휠체어를 탄 학생이 있었어요. 주변의 친구들이 많이 도와주었지만 학교에 장애 친구를 위한 시설이 그리 많지 않아서 곤란했어요.

정 : 구체적으로 어떤 시설이 필요했나요?

유 : 우선은 4층을 오르내리는 데 불편했구요. 등하교 할 때는 선생님하고 같이 승강기를 이용했는데, 그 학생이 편하게 갈 수 있는 곳이 많지 않아서 이동 수업을 할 때 아주 힘들었지요. 특히나 식당에서 급식할 때는 힘들어했고요.

우 : 저도 동생하고 식당에 갈 때가 가장 힘들어요. 다른 사람들의 눈치도 보이구요.

정 : 예를 들면?

우 : 먼저 이동하는 데 시간이 걸리고요. 주변에 식구들도 있지만 이동하는 시간이나 장소가 제한적이 돼요. 다른 사람들이 우리 같은 일반인으로 봐주지 않고 마치 무슨 병이라도 있는 사람으로 상대하려고 하는 것이 가장 힘들어요. 그런 것을 눈치가 빠른 동생이 알고 나면 더욱 더 다른 사람하고 인사하거나 놀려고 하지 않지요.

김 : 그렇지요? 맞아요. 우리 반 친구도 그랬어요. 학교에서 특별히 배려해주셔서 우리 반만 교실에서 같이 급식을 하기로 했는데 몇몇 친구들은 반대도 하더군요. 식당에 가면 더 편하고 당번도 없어진다고 하면서요. 정말로 실망했어요.

최 : 그런 의견도 있겠네요. 그럼 어디까지 도와주어야 할까요? 너무 도

와주는 것도 그 학생의 자립심이나 자존심을 다치게 할 것 같다는 생각이 들어서요.

우 : 맞아요, 동생도 자신이 하고 싶은 일을 스스로 하려고 노력하거든요. 물론 시간이 많이 걸려요. 그러나 그렇게 스스로 하고 나면 표정이 아주 밝아져요.

유 : 우리 반 학생도 그랬어요. 그래서 다른 친구들의 도움이 필요할 때를 몇 가지 정해서 그 안에서 우리가 도와주기도 했는데 많이 좋아하더라고요.

정 : 이 책의 주인공 성격은 우리와 다르지만 버스를 타면서 완전히 새로운 세상을 보게 되는데, 이게 무슨 의미일까요?

우 : 저도 비슷한 경험이 있어서 아주 감동적으로 읽은 부분입니다. 제 동생하고 외출을 했다가 지하철에서 비슷한 경험을 했어요.

김 : 좀 더 자세하게 이야기해보세요.

우 : 동생하고 지하철로 이모 집에 가야 했는데, 갈아타야 하는 곳에서 내리지 못했어요. 하늘이 노랗게 보이더군요. 그런데 동생이 불안해할까 봐 전 가만히 있었는데 동생이 자꾸만 이상하다고 하는 거예요. 시간은 지나고 땀이 나기 시작하고, 동생은 자꾸만 "이상해! 이상해!"만 하고요.

정 : 그래서?

우 : 시간이 걸리겠지만 그래도 동생을 먼저 안심시켜야 해서 어디 들려서 가야 한다고 했지요. 그리고 가만히 생각해 보니 내 눈에 '순환선'이라는 글자가 보여요. '순환?' 그렇다면 한 바퀴를 돌면 다시 제자리? 이

생각을 하고 나서 바로 엄마하고 이모에게 문자로 말씀드렸지요, 시간은 걸렸지만 동생은 안심하고 이모 집에 같이 갈 수 있었어요,

김 : 와, 대박이다!

우 : 그런데 그때의 경험이 있어서인지 이제는 아주 편안해요, 지하철을 탈 때 태극마크가 있는 곳은 환승역이라는 것을 알고 나니 이제는 편하더군요,

최: 작은 실수가 큰 도움이 되었군요, 나 같으면 놀라서 우왕좌왕 했을 텐데요,

일동 : 그러게요, 대단하네요,

김 : 우리도 학교 밖을 나가보면 눈이 휘둥그레 하잖아요? 여기 어디? 난 누구? 처럼요, 멍하기도 하고요, 그런데 이 책의 주인공은 정말로 현명하게 정신을 차리고 주변을 살피면서 여러 가지 생각을 하더군요, 전 이 부분이 정말로 맘에 들어요,

유 : 구체적으로 어느 부분이요?

김 : 책의 뒤표지에도 나오는데요, 이 부분요, '어렸을 때는 혼자 할 수 없는 일이 혼자 할 수 있는 일보다 훨씬 많았어, 이제는 나도 많이 자랐기 때문에 혼자 할 수 있는 일이 혼자 할 수없는 일보다 훨씬 많아졌지, 혼자서 해야겠다고 생각한 일은 반드시 나 혼자 해냈어, 하지만 나 혼자서는 절대 하지 못할 것 같은 일이 하나 있어, 그건, 나 혼자의 힘으로 세상 끝까지 가는 거야' 아주 감동적이었어요,

유 : 저도 마찬가지입니다, 저도 주인공처럼 이런 용기가 있으면 좋겠어요,

최 : 좋은 구절은 모두가 공감하네요, 저도 그런데……,

정 : 장애를 가진 주인공도 혼자 하겠다고 결심하는데 우리도 장애에 대한 편견을 버려야 할 것 같아요, 아, 종을 치네요, 이젠 다른 모둠으로 가야 하지요?

유 : 저는 다음에 '토론 질문 3'인 '우리도(나도) 장애인이 아닐까?'로 가서 토론할 생각입니다,

최 : 나도 거기로 가려고 하는데,

우 : 오늘 좋은 토론을 해서 기분이 좋아요, 다들 그런가요?

일동 : 네, 다음 토론이 기다려지네요,

9단계 : 다른 질문으로 이동하기

8단계의 토론을 마치면 교사의 신호나 약속에 따라서 다른 질문의 토론에 참여하게 됩니다. 이때 교사가 일방적으로 순서를 정하거나 도움을 주면 안 됩니다. 아이들이 토론하고 싶은 주제를 찾아가게 해야 합니다. 하나의 토론이 끝나면 다음의 토론으로 이동하기 위한 시간과 질문을 확인하는 시간이 필요합니다. 너무 많은 인원이 특정 질문이나 키워드로 몰리지 않도록 사전에 지도해야 합니다. 이렇게 3~4차례 순환하다 보면 학급 전체가 적절한 질문의 토론에 모두 참여하게 됩니다.

비경쟁토론 자리 이동 배치

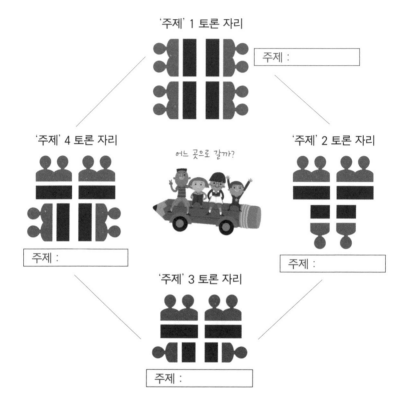

10단계 : 토론 내용 정리하기

자유로운 토론을 마치고 나면 참석자 가운데 한 명이 토론 내용을 간단하게 정리해야 합니다. 이는 전체적으로 토론을 마쳤을 때 어느 키워드의 어떤 질문이 아이들에게 가장 많은 관심을 받았고 활발한 토론이 있었는가를 확인하는 데 도움이 됩니다.

11단계 : 2차 토론하기

학급 전체가 정해진 토론 주제로 모여 2차 토론을 합니다. 앞선 토론의 정리 내용을 통해 아이들이 가장 흥미 있어 하는 토론의 주제나 키워드가 무엇인지를 확인하고 그것으로 토론하는 것이 좋습니다. 1차 토론이 4~5개의 모둠이 중심이 되는 토론이었다면, 2차 토론은 가장 많은 관심을 받아 활발하게 토론하였던 주제를 가지고 학급 전체가 참여하는 토론 활동이라는 점에서 차이가 있습니다. 2차 토론에서는 찬반 의견이 생길 수 있습니다. 그러나 찬성과 반대로 나누어졌다고 대립하는 토론이 되어야 한다는 것은 아닙니다. 이러한 토론 중에 자신의 생각이 바뀔 수 있다는 점을 인정해야 합니다. 그래야 경쟁과 대립을 하지 않습니다.

12단계 : 가장 많은 관심을 가진 질문 선정하여 토론하고 마무리하기

2차 토론까지 마치고 나면 토론 내용을 바탕으로 아이들이 가장 많은 관심이나 흥미를 가졌던 토론 질문을 선정하여 모두가 토론에 참여할 수 있는 기회를 갖는 것이 좋습니다. 토론을 하고 나서 그 내용을 글쓰기 수업이나 독후감 쓰기로 연결하는 것도 좋습니다. 하나의 책을 다 같이 읽고 학급 전체가 토론함으로써 다양한 관점과 생각이 존재하고 이런 것들이 각자의 생각을 다양하고 정직하고 깊이 있게 만든다는 사실을 알게 해야 합니다.

02
출력 독서의 완성은
독후감 쓰기

 일정한 기준에 의해 책을 선택해 과정 중심의 전략으로 책을 읽고, 다른 친구들과 비경쟁 형식의 독서 토론까지 마치고 나면, 이제 마지막으로 자신의 생각을 자신의 언어로 정리해야 합니다. 바로 독후감 쓰기입니다. 그것은 오로지 자신만의 생각으로 책과 자신의 생각을 연결하고 그 책을 통해서 어떤 변화와 성장을 이루었는지 경험을 바탕으로 작성해야 합니다.

 '양'을 우선으로 하는 독서 교육에서 가장 소홀히 하던 것이 바로 독후감 쓰기였습니다. 지도 방향이나 구체적인 절차도 없이 무슨 책을 읽었다는 간단한 기록만 남기면 그만이었습니다. '읽게 된 동기⇒줄거리 요약⇒느낌이나 소감'으로 이루어지는 3단계의 획일화된 독후감 쓰기가 대부분이었습니다. 이러한 독후감 쓰기 방식은 아이의 사고력이나 핵심 역량을 기르기에는 절대적으로 부족하였습니다.

 출력 독서를 위한 독후감 쓰기는 무엇이 다를까요? 예전의 독후감은 읽은 내용을 기억하고 요약하고 간단하게 자신의 생각을 정리한 것에 그쳤습니다. 대부분의 아이들이 이런 독후감에 익숙했습니다. 그러다 보니 같은 책을 읽어도 각자의 경험이나 배경지식이나 혹은 관련 내용들이 다를 텐데도 내용은 서로 비슷하였습니다. 결과적으로 이런 독후감은 자신이 읽은 책을 글로 써서 '입력'하여 '기억'만 하였습니다. 그 책을 읽고 자신이 어떤 영향을 받았고, 어떤 변화를 가져왔고, 책 밖의 세상과 자신이 어떻게 연결되었는가를 '출력'하지 못했습니다.

책 읽기 전의 자신과 책을 읽고 난 후의 자신이 어떻게 변화되었는가를 글로 출력하는 행위가 출력 독서에서의 독후감 쓰기입니다. 책 내용을 요약하고 자신의 생각을 입력하는 데 그치는 독후감은 아무런 의미가 없는 독후감입니다. 그야말로 그 책을 읽었다는 기억만 남아 있는 독후감입니다. 그런 '입력형 독후감'에서 이제는 그 책으로 자신의 변화를 세상에 드러내는 '출력형 독후감'으로의 전환이 필요합니다.

독후감은 길게 혹은 짧게 써야 하는 문제가 아닙니다. 책 읽기 과정에서 느낀 것들이 자신만의 글쓰기로 완성되어야만 출력 독서가 완성됩니다.

1) 책의 종류에 따라 독후감 다르게 쓰기

초등학생들이 읽는 책은 크게 나누면 소설이나 이야기, 즉 문학류(픽션)와 역사나 과학이 중심이 되는 비문학류(논픽션)입니다. 그러므로 독후감도 이에 따라서 다르게 작성되어야 합니다. 그 이유는 무엇일까요?

문학류의 책은 저자의 상상력으로 만들어집니다. 작품 안에 등장하는 인물, 사건, 배경이 이야기를 구성하고 있습니다. 그러므로 문학류의 독후감은 작품에 등장하는 인물의 특징이나 성격 그리고 사건의 원인과 갈등의 해결 방법, 사건이 일어난 시간적, 공간적 배경을 중심으로 읽고 작성해야 합니다.

비문학류의 책은 저자가 역사적으로나 과학적으로 '사실'에 근거한 내용으로 만들었습니다. 문학류의 책이 '상상력'이라면 비문학류의 책은 '사실'입니다. 따라서 이런 차이점을 분명하게 이해한 후에 책을 읽고 독후감도 책의 종류에 따라서 다르게 써야 합니다. 출력 독서의 결승점은 독후감 쓰기입니다. 출력 독서에서 독후감이 갖는 특징은 독서를 통해서 얻은 자신만의 감정, 생각, 주장, 의견 등을 독후감으로 작성하여 다른 사람들과 소통하고 교류하여, 기존의 정보와 지식을 새로운 지식과 정보로 만들어내는 것입니다.

(1) 문학류 독후감 쓰기

문학류의 책은 인물, 사건 그리고 배경의 세 가지 요소를 중심으로 이야기가 만들어집니다. 책 속에 등장하는 인물들이 어떤 사건을 만나고, 그것을 어떻게 해결하며, 그러한 일들은 언제 어디서 일어나는지 이야기합니다. 그 이야기 안에서 등장하는 인물 간의 갈등이나 주인공과 주변 인물들의 성격이나 태도가 작품에 등장하는 배경이나 사건과 어떤 관련이 있는가를 잘 살펴야 합니다. 좋은 독후감은 바로 이런 요소들을 잘 이해해야 쓸 수 있습니다. 문학류의 독후감은 작품을 읽고 난 자신의 생각과 느낌을 책에 등장하는 인물이나 사건과 연결하여 쓰는 게 중요합니다. 예를 들면 작품 속의 주인공의 성격과 나는 어떤 점에서 차이가 있고, 어떤 점에서 같으며, 그런 사건들은 나의 생활과 어떤 연관성이 있는가를 살펴야 합니다. 문학류의 독후감을 작성하기 위해서는 다음의 12가지 사항을 살펴보고 사전에 준비하는 것이 좋습니다.

① 이 책을 어떻게 읽게 되었나?

② 마음에 남는 부분 혹은 감동받은 부분은 어디인가? 그 이유는?

③ 좋다고 생각한 등장인물 또는 장면은 무엇인가? 그 이유는?

④ 싫은 등장인물 혹은 장면은 있는가? 왜 싫은가?

⑤ 책의 내용과 비슷한 경험 혹은 이 이야기로부터 기억해낸 경험이 있는가?

⑥이 이야기를 통해 생각난 다른 책 혹은 뉴스, 텔레비전 프로그램 등이 있는가?

⑦등장인물이 나라면 어떻게 했을까?

⑧읽은 책에 대한 부모님이나 친구들의 의견은 어떤가?

⑨저자는 어떤 사람인가? 이 이야기는 언제, 어디서 쓰여졌는가?

⑩저자가 말하고 싶었던 것은 무엇이라고 생각하는가? 그에 대해서 어떻게 생각하나?

⑪이 이야기를 읽고 새로 배운 것, 느낀 것, 자신의 생각이 변한 것이 있는가?

⑫'왜' 또는 '모르겠다'라고 생각한 부분이 있었나?

(2) 비문학류 독후감 쓰기

초등학생들에게 비문학류를 설명하기는 쉽지 않습니다. 초등학생들에게 해당하는 비문학류의 대표적인 책은 역사 분야의 책과 과학 분야의 책들입니다. 과학은 분야가 다양합니다. 바다, 환경, 생물, 생태, 우주 등입니다. 그러나 비문학류의 책들은 초등학생들의 경우 역사책이 대부분입니다. 고구려시대, 신라시대, 조선시대, 임진왜란 등이거나 역사적인 위인을 중심으로 역사 이야기를 풀어내기도 합니다. 비문학류의 책 읽기에서 중요한 것은 저자가 책에서 주장하거나 설명하고자 하는 내용이 무엇인가를 잘 살펴서 읽어야 합니다. 잘 살펴서 읽는다는 것은 그렇게 주장하고 설명하는 이유나 근거를 바르게 파악하는 것입니다. 다시 말해서 저자가 주장하는 내용의 근거가 무엇인지 그리고 그러한 사실이나 근거는 어떤 역사적 사실이나 자료, 유물 등을 통해서 확인이 가능한지를 살펴서 읽어야 한다는 것입니다. 즉, 책을 통해서 새롭게 알게 된 사실과 이유, 저자가 어떤 방법으로 사실과 정보를 독자들에게 알려주고 있는지 등을 살펴가며 읽어야 합니다. 독후감 쓰기도 마찬가지입니다. 만약에 내가 저자라면 이 책의 내용을 어떤 방법으로 설명했을까 등을 분명하게 알고 이해한 후에 독후감을 쓰는 것이 중요합니다.

문학류와 마찬가지로 비문학류의 책을 읽고 나서 12가지 항목에 대해 간략하게 기록하여 둡니다. 다른 항목은 문학류와 같지만, 다음의 ③, ④, ⑦, ⑨번 항목은 문학류와 다릅니다.

③책을 통해서 새롭게 알게 된 사실은 무엇인가?
④이 책은 어떻게 사실과 정보를 독자에게 알려주고 있는가?
⑦만약에 내가 저자라면 이 책의 내용을 어떤 방법으로 설명했을까?
⑨저자는 이 책을 왜 쓰게 되었는가?

2) 독후감 쓰기 순서와 방법

1단계 : 책 읽고 12가지 질문에 답하기

책을 읽고 나서 앞서 이야기한 12가지 항목에 대해서 간략하게 자신의 생각이나 내용을 기록하여 두는 것이 좋습니다만, 책을 읽고 나면 '아차!' 하는 것이 있습니다. 좋은 독후감을 쓰기 위해서는 책을 읽어가면서 습관적으로 책에 필요한 메모나 밑줄 긋기 등을 해두어야 합니다. 이는 독서에서 필요한 일인데도 불구하고 습관을 들이지 못한 아이들이 많습니다. 책을 읽어가면서 메모나 밑줄 긋기 등을 해두면 좋은 독후감을 쓰는 게 쉬워집니다. 좋은 음식을 만들기 위해서 미리 재료를 손질하거나 다듬고 준비하는 것과 마찬가지입니다. 독후감을 쓰기 위한 재료 없이 좋은 독후감을 쓸 수 없습니다. 책을 읽어가면서 독후감을 쓰기 위한 12가지 기록 사항을 기억해 메모해두는 습관을 가져야 합니다. 그 12가지 내용 중에서 가장 많이 어려워하는 내용을 중심으로 간략하게 살펴보겠습니다.

가장 많이 쓰지만 어려워하는 것이 바로 '① 이 책을 어떻게 읽게 되었나?'입니다. 초등학생은 아직 책을 스스로 선택하여 읽기 힘듭니다. 고학년이라면 가능하지만 저학년은 특히 그렇습니다. 이 부분은 자신이 왜 이 책을 읽고 독후감을 쓰는지 적는 것이 중요합니다. 누가 읽으라고 해서 혹은 과제 때문이라는 동기는 스스로 읽은 동기가 아니라 '강요'라서 동기라고 할 수 없습니다. 좋은 독후감은 강한 동기에서 시작합니다. 좋은 독후감을 쓰는 아이들은 스스로 쓰겠다고 혹은 쓰고 싶다는 마음이 생겼다고 이야기합니다. 자신이 읽은 책 모두를 독후감으로 쓰는 것은 아닙니다. 읽고 나서 쓰고 싶은 책이 바로 자신에게 강한 동기와 감동을 준 책입니다.

다음으로 '⑤ 책의 내용과 비슷한 경험 혹은 이 이야기로부터 기억해낸 경험이 있는가?'입니다. 아이들에게 물어보면 이 부분이 가장 어렵다고 합니다. 그 이유가 무엇일까요? 아이들이 제한적인 공간에서 생활하고 있기 때문입니다. 집, 학교, 학원이 움직이는 공간의 전부라고도 말합니다. 그래서 초등학생들에게 체험 학습의 중요성을 강조합니다. 독서는 간접 체험입니다. 책을 통해서 내가 가지 못한 곳을 자유롭게 다니고 주인공의 체험을 나의 체험처럼 느끼고 공감해야 합니다. 가장 좋은 것은 말할 것도 없이 직접 체험입니다. 그러나 시간적, 공간적, 경제적인 이유로 쉽게 그렇게 하지 못합니다. 그것을 대신해주는 것이 바로 책이고 독서입니다. 그러므로 이 부분을 쓰고자 할 때는 자신이 직접 경험한 것도 중요하지만 다른 책을 통해서 경험한 간접 경험도 기억해야 합니다. 그런 간접 체험도 독후감 쓰기에 중요한 내용이 됩니다.

이와 비슷한 것이 '⑥ 이 이야기를 통해 생각난 다른 책 혹은 뉴스, 텔레비전 프로그램 등이 있는가?'입니다. 책뿐만 아니라 뉴스나 텔레비전 프로그램 등도 좋은 자료가 됩니다. 마지막으로 '⑩ 저자가 말하고 싶었던 것은 무엇이라고 생각하는가? 그에 대해서 어떻게 생각하나?'입니다. 아이들이 가장 힘들어하고 쓰고 싶은데 대체 무엇을 써야 할지 모르겠다고 하소연하는 부분입니다. 다시 말해 저자가 이 책을 통해서 하고 싶은 이야기가 무엇인가를 찾아내야 하는 것입니다.

이 부분이 문학류의 특징입니다. 비문학류의 책처럼 하고 싶은 이야기를 '이것이다!'라고 이야기하지 않습니다. 슬쩍 감추어놓습니다. 그 대신 힌트를 줍니다. 주인공의 성격이나 사건 속에 혹은 주인공과 주변 인물 간의 갈등 속에 감추어놓습니다. 이것을 통해서 '아! 저자가 이런 말을 하려고 했구나'를 찾아내는 것이 바로 문학류의 책 읽기입니다.《흥부와 놀부》에는 '사람은 언제나 착하게 살아야 한다'는 구절이 없습니다. 그러나 다 읽고 나면 자연스럽게 '형제들끼리 싸우지 말고 착하게 살아야겠구나!'라는 생각을 하게 됩니다. 이것이 문학입니다. 반대로 비문학은 무엇을 이야기할지 먼저 말하고 시작합니다. '임진왜란의 원인'이 주제라면 반드시 그 원인이 무엇이고 그 결과 어떻게 되었는가를 '드러내어' 이야기합니다. 그래서 저자가 하고 싶은 주장이 무엇인지 그 책의 몇 쪽에 '드러나게' 쓰여 있습니다. 이것이 비문학입니다. 이런 특징을 알면 독후감 쓰기나 책을 읽기에 편합니다.

다음 표는《자전거 도둑》(박완서 지음, 다림)을 읽은 반 아이가 작성한 것입니다. 이 표를 토대로 독후감 쓰기의 각 단계를 살펴보겠습니다.

① 이 책을 어떻게 읽게 되었나?	② 마음에 남는 부분 혹은 감동받은 부분은 어디인가? 그 이유는?	③ 좋다고 생각한 등장인물 또는 장면은 무엇인가? 그 이유는?
엄마의 추천과 예전에 내가 친구의 자전거를 빌려 탔었는데 다른 사람들은 내가 훔쳤다고 오해를 한 적이 있었다.	마음에 남는 부분) 수남이는 차체에 비친 울상이 된 자기 얼굴을 볼 수 있을 뿐이었다. 울음이 왈칵 솟구친다. 이유) 나도 아빠 차를 자전거로 긁어서 이와 같은 심정이었다. 그때 마음이 생각난다.	수남이 아버지, "무슨 짓을 하든지 그저 도둑질을 하지 말아라, 알았쟈." '아버지가 그리웠다, 도덕적으로 자기를 견제해 줄 어른이 그리웠다.' 이유) 아빠가 하시던 말씀과 같아서

④ 싫은 등장인물 혹은 장면은 있는가? 왜 싫은가?	⑤ 책의 내용과 비슷한 경험 혹은 이 이야기로부터 기억해낸 경험이 있는가?	⑥ 이 이야기를 통해 생각난 다른 책 혹은 뉴스, 텔레비전 프로그램 등이 있는가?
자동차 주인, "임마, 네놈의 자전거가 쓰러지면서 내 차를 들이받았단 말야. 이런 고급차를 말야 이런 미련한 놈, 눈은 왜 째려, 째리긴, 그러니 내 차에 흠이 안 나고 배겼겠냐, 내 차는 임마, 여자들 손톱만 살짝 닿아도 생채기가 나는 고급차야 임마, 알간?" 자기 자동차를 너무 자랑하고 사람을 무시한다.	친구 자전거를 빌려 탔는데 친구가 깜빡해서 내가 자전거를 훔친 것으로 오해했다. 나도 속이 상하고 그것을 설명하느라고 많이 힘들었다.	너무 많아서 기억이 나질 않지만 실제 도둑들이 너무 많아서 걱정이다.

2부_출력 독서, 말하고 쓰기

⑦ 등장인물이 나라면 어떻게 했을까?	⑧ 읽은 책에 대한 부모님들의 의견은 어떤가?	⑨ 저자는 어떤 사람인가? 이 이야기는 언제, 어디서 쓰여졌는가?
나도 수남이처럼 도망을 갔을 듯하다. 그러나 반대로 반성도 많이 했을 것이다. 그러나 수남이와 같은 가정 환경이라면 나도 수남이처럼 행동했을 것이다.	부모님도 같이 읽으시고 많이 좋아하시고 좋은 책이라고 하셨다.	이 책에 등장하는 이야기들이 많은 감동을 준다. 마치 할머니의 이야기를 듣는 듯한 기분이다.
⑩ 저자가 말하고 싶었던 것은 무엇이라고 생각하는가? 그에 대해서 어떻게 생각하나?	⑪ 이 이야기를 읽고 새로 배운 것, 느낀 것, 자신의 생각이 변한 것이 있는가?	⑫ '왜' 또는 '모르겠다'라고 생각한 부분이 있었나?
사람들의 마음속에 자리 잡고 있는 부도덕성을 이야기하는 듯하다. 모든 사람들에게는 이 부도덕성이 있는데 그것을 다스리지 못하는 것이 문제라고 생각한다.	늘 아무렇지 않은 듯이 하는 일들이 따지고 보면 나쁜 짓이었다는 것을 알게 되었다. 나의 양심에 대해서 다시 생각하게 한다.	지금의 시대와 조금은 다르지만 주변 사람들의 반응이 지금과 다른 이유가 무엇일까? 지금 같으면 모두 경찰에 신고할 텐데….

2단계 : 독후감 쓰기 순서 정하기

자신이 읽은 책의 내용을 어떤 순서로 작성할 것인가를 결정해야 하는 단계입니다. 독후감을 쓴다고 해서 앞에서 간략하게 정리한 내용 모두를 1번부터 12번까지 순서대로 쓰는 것은 아닙니다. 독후감을 쓰는 순서를 정해야 합니다. 그 순서를 살펴보겠습니다.

먼저 12가지 중에서 어느 것을 선택하여 쓸 것인가를 선택해야 합니다. 이때 12가지 중에서 1~2가지만을 선택하여 쓸 수는 없음을 알아야 합니다. 자신이 읽은 책에 대해 쓰기 위해서 12가지 중에서 몇 가지를 선택하여 쓸 것인가를 결정하는 것이 중요합니다. 최소한 다섯 개 이상의 것을 선택하여 처음, 가운데, 끝의 형식에 적절하게 쓰는 것이 중요합니다.

자신이 선택한 쓸거리를 생각하면서 독후감 쓰기 순서를 정해야 합니다. 예를 들어 자신이 선택한 번호가 ①, ③, ⑥, ⑦, ⑧, ⑩, ⑫번이라고 가정하면 선택한 번호 순서로 쓰는 것이 아니고 [처음] 부분은 어느 번호의 내용을 쓰고, [가운데] 부분은 어느 번호의 내용을 쓸 것이며, [마지막] 부분에서는 어느 번호의 내용으로 마무리할 것인가를 확인하고 재배치해야 합니다. 다음의 표를 보고 정리하면 좋습니다. 중요한 것은 표에 보이는 마지막 내용, 즉 '3. 내가 가장 하고 싶은 말은 무엇인가?'입니다.

독후감의 결론에 해당하는 부분입니다. 즉, 내가 책을 읽고 이 책에 대해서 가장 중요하게 생각하는 부분입니다. 내가 읽은 책에 대해서 가장 하고 싶은 말이 무엇인가를 반드시 문장으로 써두어야 합니다. 이 문장이 결론 부분에 나와야 하며 자신만의 생각이라는 점도 이해시켜야 합니다. 아울러 이런 생각이 독후감의 결승점이라고 생각하고 순서대로 작성하면 됩니다. 다음을 참고하기 바랍니다.

1. 12가지 중에서 몇 번과 몇 번을 사용해서 쓸 것인가? 그 번호를 쓰시오.	①, ③, ⑥, ⑦, ⑧, ⑩, ⑫
2. 어떤 순서로 독후감을 쓸 것인가?	처음) ①, ③ 가운데) ⑥, ⑦, ⑧ 끝) ⑩, ⑫
3. 가장 하고 싶은 말은 무엇인가?	사람에게는 누구에게나 부도덕성이 있다고 한다. 그렇다면 사람은 그것 때문에 양심을 느끼는 것인가? 내가 했던 일 중에 부도덕성을 드러낸 일은 얼마나 많은가? 내 스스로 잘못한 것을 반성하게 만든다.

3단계 : 개요 작성하기

'개요'는 전체적으로 하고 싶은 이야기를 간략하게 정리한 것입니다. 기본적인 뼈대를 만드는 것입니다. 뼈대를 만들고 나면 살을 붙이고 그것을 다듬어가면서 완성합니다.

독후감의 처음과 가운데 그리고 마지막을 어떻게 쓸 것인가는 뼈대를 만드는 데 필요한 고민입니다. 이렇게 고민해 뼈대를 만들어놓으면 자신이 쓰고자 하는 내용에 대해서 방향을 잡을 수 있고 초점이 흐트러지지 않아서 좋습니다. 이런 개요를 작성하지 않고 독후감을 쓰면 완성해가는 데 우왕좌왕하게 되어 자신이 원하는 결론으로 가기 힘들게 됩니다. 독후감을 포함한 모든 글쓰기의 목표는 자신이 가고자 하는 목적지에 도착하는 것입니다. 반드시 그래야 합니다.

1. [처음] 부분	엄마의 추천과 예전에 내가 친구의 자전거를 빌려 탔었는데 다른 사람들은 내가 훔쳤다고 오해를 한 적이 있었다. 수남이 아버지가 한 말을 인용하여 나의 경험과 연결시킨다. "무슨 짓을 하든지 그저 도둑질을 하지 말아라, 알았쟈." '아버지가 그리웠다, 도덕적으로 자기를 견제해줄 어른이 그리웠다.' 그리고 아빠가 하시던 말씀과 같아서라는 이유와 근거를 자세하게 쓴다.
2. [가운데] 부분	내 경험과 연결하여 쓴다. 내가 수남이라면 어떻게 할지를 솔직하게 쓴다. 아마도 너무 많아서 기억이 나질 않지만 실제 도둑들이 너무 많아서 걱정이다. 예를 들면 내가 수남이라면 나도 수남이처럼 도망을 갔을 듯하다. 그러나 반대로 반성도 많이 했을 것이다. 그러나 수남이와 같은 가정 환경이라면 나도 수남이처럼 행동했을 것이다. 이 책에 대한 부모님이나 친구들의 의견도 보충한다. 부모님도 같이 읽으시고 많이 좋아하시고 좋은 책이라고 하셨다.
3. [마지막] 부분	사람에게는 누구에게나 부도덕성이 있다고 한다. 그렇다면 사람은 그것 때문에 양심을 느끼는 것인가? 내가 했던 일 중에 부도덕성을 드러낸 일은 얼마나 많은가? 내 스스로 잘못한 것을 반성하게 만든다.

4단계 : 독후감 쓰기

선택한 것에 대한 내용을 자세하게 적습니다. 책을 읽을 때의 감정과 읽고 난 후 자신이 느낀 감정, 그리고 책을 읽고 나서 갖게 된 자신만의 생각을 구분하여 작성합니다. 이것이 독후감 쓰기의 핵심입니다.

이해를 돕기 위하여 문학류의 독후감 쓰기를 위한 12가지 방법을 중심으로 《자전거 도둑》의 독후감을 쓴 아이의 글을 다음과 같

2부_출력 독서, 말하고 쓰기

이 재구성했습니다. 내용을 보고 독후감 쓰기에 참고하기 바랍니다.

[처음]

①이 책을 어떻게 읽게 되었나?

　　엄마는 늘 나에게 책 읽기를 강조하신다. 어떨 때는 좀 심하다는 생각도 하게 된다. 언제부터인지 몰라도 엄마는 늘 시장에 가시면 인근 서점에 들러 책을 사기도 하시고 안 사시더라도 책들을 둘러보고 오신다. 하루는 궁금하여 여쭈어보았다.

　　"엄마 꼭 서점에 들려야 해요?"

　　"왜? 싫어?"

　　"그게 아니고 장 보고 바로 집에 안 가고 서점에 가는 이유가 궁금해서요?"

　　"그래? 배가 고프면 밥을 먹기 위해서 장을 보듯이 머리에 배가 고프면 뭘 먹어야 할까?"

　　나는 갑자기 답이 생각나지 않았다. 책을 좋아하는 엄마는 책은 사지 않더라도 늘 이렇게 서점을 둘러보신다. 요사이 나온 책부터 시작해서 많이 팔리는 책, 그리고 엄마가 좋아하는 소설책은 한두 권을 사 오신다. 어느 날 장을 보고 다시 서점에 들렀다. 다른 날과 다르게 빠르게 서점을 둘러보시고는 내게 이 책을 읽어보라고 권하신 책이 바로 《자전거 도둑》이다. 재미있느냐고 묻기도 전에 엄마가 가장 좋아하는 작가라고 하시면서 꼭 읽어보라고 하셨다. 자전거 도둑? 대체 왜 자전거 도둑이 되었을까? 책이 그다지 두껍지도 않아서 좋았다. 나도 예전에 내가 친구의 자전거를 빌려 탔었는데 다른 사람들은 내가 훔쳤다고 오해를 한 적이 있었다. 나도 모르는 사이에 동네에서 내가 자전도 도둑이 되었던 적이 있었다.

③ 좋다고 생각한 등장인물 또는 장면은 무엇인가? 그 이유는?

이 책에 등장하는 인물은 그리 많지 않다. 주인공 수남이 그리고 전기용품 가게 주인, 그리고 수남이의 주변 인물, 형, 아버지 등이 등장인물의 대부분이다. 그 중에서도 수남이 아버지가 인상에 남는다. 왜냐하면 가난한 가운데 자식들을 제대로 가르치지 못한 마음이 엿보이기 때문이다. 예를 들면 책 속에 나오는 다음과 같은 장면이다.

"무슨 짓을 하든지 그저 도둑질을 하지 말아라, 알았쟈.", '아버지가 그리웠다. 도덕적으로 자기를 견제해줄 어른이 그리웠다.'라는 부분이다. 이 부분을 몇 번 다시 읽어보았다. 아빠가 나에게 늘 하시던 말씀과 같아서다. 아빠도 시골에 계시는 할아버지께 이런 이야기를 많이 들으셨다고 하셨다. 다른 것은 다 해도 좋고 용서하지만 도둑질만은 절대 안 된다고 강조하셨다고 하셨다. 그래서인지 우리 형제들은 '도둑질'이란 단어에 매우 예민하다.

[가운데]

⑥ 이 이야기를 통해 생각난 다른 책 혹은 뉴스, 텔레비전 프로그램 등이 있는가?

그러나 실제로 세상에는 도둑들이 너무 많아서 기억이 나지도 않을

지경이다. 뉴스마다 도둑이 끊이지 않을 정도다. 작은 도둑부터 너무도 다양하고 '에이 설마'라고 할 정도의 실제 도둑들이 너무 많아서 걱정이다. 신문에도 텔레비전에도, 온통 도둑만 사는 듯하기도 하다. 엄마, 아빠는 저런 작은 도둑이 더 큰 도둑이 된다고 늘 강조하셨다. 이 책을 보면서 도둑은 하루아침에 되는 것이 아니라는 것을 알았다. 물론 이 책의 내용과는 다른 이야기겠지만……

⑦ 등장인물이 나라면 어떻게 했을까?

어렵게 생활하는 수남이에게 책 속의 내용 같은 어려움이 닥친다. 좁은 골목길에서 있던 자동차에 흠집이 생기게 된 것이다. 주변 사람들은 도망가라고 하고 수남이의 양심은 흔들리는 장면이다. 만약 내가 수남이라면 어떻게 했을까? 나도 수남이처럼 도망을 갔을 듯하다. 그래서인지 책 표지에 등장하는 수남이는 자전거를 타고 가지도 않고 들고 뛰어가는 모습이다. 자전거를 타지도 않고 들고 뛰다니……, 그러나 반대로 반성도 많이 했을 것이다. 책 속에 등장하는 말처럼 사람 안에 있는 부도덕성 때문에 수남이의 마음도 늘 가슴이 없힌 것 같지 않았을까? 그러나 나도 수남이와 같은 가정 환경이라면 수남이처럼 행동했을 것이다.

⑧ 읽은 책에 대한 부모님이나 친구들의 의견은 어떤가?

부모님도 같이 읽으시고 많이 좋아하시고 좋은 책이라고 하셨다. 특히 엄마는 이 작가의 다른 책도 관심을 가지고 읽어보라고 하셨다. '자전거 도둑'은 그리 길지 않은 글이다. 같은 책 안에 있는 다른 제목의 글도 다 읽어보았다. 가슴이 따뜻해지지만 다른 한편으로 많은 생각을 하게 만드는 책이다. 그렇다면 이 작가가 우리에게 이야기하고 싶었던 것은 무엇일까?

[마지막 부분]

⑫ '왜' 또는 '모르겠다'라고 생각한 부분이 있었나?

이 책의 시대적 배경은 지금과는 완전히 다르다. 자동차 수리비가 오천 원 정도라는 것이 대표적이다. 만약 요즘에 이런 일을 당한다면 수리 비용이 많이 나올 것이다.

지금의 시대와 조금은 다르지만 주변 사람들의 반응이 지금과 다른 이유가 무엇일까? 지금 같으면 모두 경찰에 신고할 텐데 말이다. 그리고 우리 동네 주변에 이런 전기용품 가게가 있는가를 살펴보았다. 정말 없다. 작은 것 하나도 대형 마트에서 사는 요즈음이다. 그 당시에는 왜 사람들이 그런 골목에서 전기용품을 샀을까? 지금도 수남이 같은 처지에 있는 학생들이 많이 있을까?

⑩ 저자가 말하고 싶었던 것은 무엇이라고 생각하는가? 그에 대해서 어떻게 생각하나?

이 책을 통해서 작가가 하고 싶은 이야기는 무엇일까? 그리 길지 않은 글이지만 내용은 생각할수록 깊게 생각하게 된다. 그것은 아마도 사람들의 마음속에 자리 잡고 있는 부도덕성을 이야기하는 듯하다. 작가의 말처럼 모든 사람들에게는 이 부도덕성이 있는데 그것을 다스리지 못하는 것이 문제라고 생각한다. 나도 그렇다. 하루에도 몇 번씩이나 왕복 달리기를 하는 것 같다. 공부를 하려고 하면 내 안에서 공부하지 말라는 그 무엇이 있다. 분명 있다. 하물며 억울하게도 자동차에 흠집이 생겼다면 수남이는 마음속으로 얼마나 혼란스러웠을까를 이해하게 된다. 사람에게는 누구에게나 부도덕성이 있다고 한다. 그렇다면 사람은 그것 때문에 양심을 느끼는 것인가? 내가 했던 일 중에 부도덕성을 드러낸 일은 얼마나 많은가? 내 스스로 잘못한 것을 반성하게 만든다.

엄마가 권유해서 읽게 된 책이긴 하지만 요즘 나는 주변 친구들에게 이 책을 읽어보라고 이야기한다. 길지 않고 많은 생각을 하게 하여 우리 선생님의 말씀처럼 '읽고 나면 마음이 불편해지는 책'이 바로 이 책이 아닐까?

5단계 : 독후감 함께 읽기

이런 순서로 독후감을 작성하고 나서 반 친구들이나 주변 사람들에게 자신이 쓴 글을 읽어보게 하는 것이 좋습니다. 독후감은 자신의 생각을 다른 사람과 나누기 위해서 쓰는 것입니다. 그래야 자신의 생각과 다른 사람의 생각들이 공유되고 나누어져서 더 많은 생각을 만들게 됩니다.

자신이 쓴 글을 다른 사람에게 보여주는 것을 싫어하는 아이들이 많습니다. 그 이유는 '창피해서'라고 말합니다. 그러면 발전이 없고 자신의 생각이 밖으로 드러나지 않게 됩니다. 출력이 안 되는 것입니다. 자신의 생각과 주장과 의견과 느낌을 적극적으로 드러내야 합니다. 그래야 출력입니다. 각자의 독후감을 함께 읽으면 더 많은 생각과 다양한 의견을 알 수 있습니다. 같은 책이라도 나와 어떻게 생각이 다르고 어떤 점에서 같이 공감하는지를 알게 됩니다. 절대로 부끄러워하거나 창피하게 생각하지 말아야 합니다. 출력 독후감 쓰기의 핵심은 내 생각과 주장을 글로 '드러내기'입니다.

자신이 읽은 책에 대한 독후감은 출력을 위해서 작성하는 것입니다. 자신만 보기 위해서 쓰는 독후감은 거의 없습니다. 입력이 아닌 출력을 하는 순간부터 우리는 자신의 생각을 더 넓히고 다른 것과 연결하는 작업을 하게 됩니다. 그것이 새로운 의미로 해석되고 나타나서 다른 사람과 다른 차원의 사고를 갖게 됩니다.

3) 독후감 함께 읽기 사례

다음의 독후감 함께 읽기의 사례는 앞서 독후감 쓰기 예시로 소개한 하람 학생의 독후감을 중심으로 함께 읽은 소감을 나눈 것입니다. 이 방법은 가정에서도 간단하게 가족과 함께할 수 있습니다.

지혁 : 저는 독후감을 쓰는 데 힘들었어요. 쓰는 것도 힘이 들었지만 책의 내용을 생각해야 해서 거의 다시 읽은 셈입니다. 저만 그런가요? 저는 2번 이상 읽었어요.

진영 : 저 역시 그렇습니다. 그런데 하람이의 독후감은 대단하네요. 지금까지 보지 못한 독후감인데요? 비법이 있나요? 정말로 감동적으로 읽었어요.

도열 : 저도 같은 생각입니다. 저하고는 완전히 다른 것에 놀랐어요. 저는 요약이 대부분인데 그러다 보니 그 내용만 기억했지 다른 것은 전혀 생각이 안 나던데요?

무경 : 그렇지요? 내용만 요약하는 독후감은 아닌 듯해요. 선생님이 책 속의 주인공이나 사건이 나의 생활과 어떤 관련이 있는가를 생각해 보라고 하셨는데 생각보다 쉽지 않았어요.

가혁 : 저도 가르쳐주신 방법대로 쓰려고 했는데 이야기대로 나와의 연관성을 찾는 게 아주 힘들었어요. 포기하려고도 생각했어요. 저만 그런가요?

하람 : 그런데 선생님이 이야기하신 대로 나와의 경험을 연결하고 생

각해보라고 해서 저도 생각해보았어요. 그러다 보니 시간은 걸리더라도 관련 경험이 생각이 났지요.

도열 : 어떤 생각이 나던가요?

하람 : 글에도 나오는데요. 처음에 자전거를 사서 아파트 앞에 놓았는데 저는 무려 3번이나 자전거를 잃어버렸어요. 나중에는 체인을 채웠는데 그마저도 풀고 누군가 가져갔더라고요. 그래서 지금은 집안에 두고 있지요.

지형 : 아마도 이런 작은 경험이 주인공과 다른 점 아닐까요?

가혁 : 맞아요. 주인공은 돈을 벌기 위해서 자전거를 타지만 우리는 아니지요. 그렇기에 자전거를 잃어버린 경험이 이 책을 읽는 데 도움이 되었어요. 저도 아파트 앞 주차장에서 넘어져서 페달로 흰색 차의 앞부분을 긁고 말았지요. 저도 넘어져서 무릎이 아팠는데 나중에 보니 앞부분이 긁힌 것이 보이기에 일단 우리집으로 도망을 갔어요.

무경 : 그래서요?

가혁 : 그러다가 창문으로 보니 사람들이 모여서 웅성거리기 시작했고 저도 모르게 얼굴이 빨개지면서 가슴이 뛰더군요. 엉거주춤하는 사이에 아파트 관리실에서 하는 방송이 나오고 저는 엄마에게 고백하고 말았어요.

도열 : 그 다음에는?

가혁 : 엄마랑 그 차 앞으로 가니 정말로 덩치가 이만한 어른이 씩씩거리고 있더라고요. 그 순간 이 책의 장면이 그대로 스치면서 '아, 이게 그 사건과 같네.'라는 생각이 들었지요. 엄마하고 그 아저씨가 이야기를

2부_출력 독서. 말하고 쓰기

나누고 무려 30만 원을 물어주었습니다.

진영 : 헐! 30만 원을?

가혁 : 엄마는 내 통장에서 다 털어주겠다고 했는데 아무 말도 못하겠더라고요. 공부하라는 소리를 듣고 방에서 책을 보고 독후감 숙제를 하려고 하는데 이 책이 생각났고, 특히 주인공이 자전거를 들고 도망가는 장면에서는 저도 놀랐지요. 저도 그러고 싶었거든요.

진영 : 선생님이 가르쳐주신 12가지 항목 중에서 어느 것이 가장 중요하다고 생각하나요?

지형 : 아마도 나와의 관련성이 아닐까요? 그렇게 생각하고 나면 아주 쉽게 사건과 주변 인물들이 연결되어서 아주 편하게 쓰게 되던데요.

하람 : 그렇지요? 책 내용을 요약하기보다는 이렇게 관련성을 이야기하고 그 안에서 내가 느낀 점을 쓰면 쉽게 되더라고요. 그러면 쓰면서 저자가 무엇을 이야기하려고 했는가를 쉽게 알게 되더라고요.

지형 : 이 책의 경우 저는 양심 사이에서 싸우는 모습을 보게 되더라고요. 도망갈까? 아니 솔직하게 말할까? 여러분도 그런 생각을 했나요?

도열 : 그렇지요? 저는 장 발장(레 미제라블)도 생각이 났어요. 자베르 형사와 신부 사이에서 고민하는 장 발장이 생각났어요.

무경 : 대단하네요. 그런 생각을 하다니.

지형 : 독후감을 써서 읽어본 소감도 그래요. 예전에는 숙제로 제출하고 나면 끝이었는데 이렇게 독후감을 돌려 읽고 이야기를 나누다 보니 빠진 것이 생각나고 다음에는 이런 부분도 써야겠다는 생각을 하게 되더라고요.

진영 : 선생님이 가르쳐주신 12가지 항목에서 골라서 쓰는 것은 처음엔 어려운 듯 보였지만 몇 번 쓰다 보니 아주 쉽게 쓰게 되고 편하게 쓰게 되어서 좋았어요.

도열 : 그렇지요? 저는 좋았던 게 뭐냐면, 쓰면서 여러 가지를 준비하는 과정에서 예전에 읽었던 비슷한 책들이 생각났어요. 《자전거 도둑》을 읽으면서 《레 미제라블》과 《마당을 나온 암탉》 등도 생각이 났지요. 공통적으로 주인공들이 이럴까, 저럴까를 고민하는 장면이 아주 비슷했어요.

무경 : 저도 늘 이런 고민을 하게 되는데, 예를 들면 공부할까? 놀까? 혹은 같이 갈까? 혼자 갈까? 등등 말이지요.

가혁 : 나는 먹을 때 그러는데, 자장면과 짬뽕 사이에서의 고민?

하람 : 독후감을 쓰면서 자신감이 생기는 나를 보아서 좋았어요. 12가지 항목으로 이제는 좀 더 다양한 책들의 독후감을 쓰고 이렇게 돌려 읽어보면서 다시 이야기를 나누었으면 좋겠습니다.

2부_출력 독서, 말하고 쓰기

출력 독서로
내 아이가 잡는
세 가지

2장

정보 찾기 능력이 아닌 정보 편집 능력을 가진 아이/ 퍼즐형 능력이 아닌 레고형 능

력을 가진 아이/ 단순 사고 능력이 아닌 연결 능력을 가진 아이

독서 근육을 갖고 독서를 하면 내 아이가 무엇을 손에 잡을 수 있을까요? 그 것을 기대하는 부모들이 많습니다. 한 권의 책을 다 읽었다는 만족감으로는 충분치 않습니다. 단단한 독서 근육을 갖고 세상에 나가서 마음껏 능력을 펼치기를 기대합니다. 정해진 정답만을 찾아가기 위해 '입력'에 올인하는 아이가 아니라 많은 사람들이 납득할 수 있는 '출력'을 내놓기를 기대합니다. 주어진 질문에 '답을 찾는 내 아이'가 되기보다는 '문제 출제 능력'을 가진 아이가 되기를 기대합니다. 또 그래야 합니다.

 우리 사회의 모든 세대가 10대들에게 권하는 공통의 교육이 바로 '독서'입니다. 지나온 세대는 지금의 10대들이 살아가야 하는 미래 사회를 걱정합니다. 모든 세상의 부모들이 가장 공통적으로 바라는 배움과 교육도 역시나 독서입니다. 독서가 필요하다는 점에서는 누구도 문제를 제기하지 않습니다. 이는 비단 우리나라만의 문제가 아니라 전 세계적인 현상입니다. 특히 사람만이 자원인 우리나라의 경우는 더욱 더 출력 독서 능력을 가진 사람을 기대하고 있습니다. 출력 독서를 통하여 아이들은 어떤 능력을 갖게 될까요?

 이 장에서는 출력 독서로 얻는 세 가지 능력을 살펴보겠습니다.

01
정보 찾기 능력이 아닌
정보 편집 능력을 가진 아이

몇 년 전, 국내 한 신문사에서 대학생 인턴기자 다섯 명에게 다음과 같은 과제를 하나씩 준 일이 있었습니다.

① 경상도 사투리인 '간추리다'가 표준어가 된 경위는 무엇인가?
② 비틀스는 왜 우드스탁 페스티벌 무대에 서지 않았는가?
③ 세종대왕이 어떤 질병을 앓았는지 현대 의학용어로 설명하라.
④ '노털'이라는 단어의 어원에 대해 설명하라.
⑤ 서울 광화문에서 대중교통을 이용해 일산 호수공원까지 가는 방법에 대해 설명하라.

과제 해결을 위해서는 한 가지 조건이 있었습니다. 어떤 경우에도 인터넷은 사용하지 말라는 것이었습니다. 서점에서 책을 찾기 위해 검색을 할 때도 인터넷을 사용해서는 안 됐습니다. 과제를 받은 기자들은 관련 기관이나 단체, 사람에게 전화로 물어보고 도서관에 가서 사서를 조르고 책과 사전을 뒤지며, 직접 발로 뛰어다니면서 확인에 확인을 거듭하여 답을 구했습니다. 시간은 '무진장' 걸렸지만 그러는 중에 알게 된 사실이 있습니다. 기사 내용을 인용하면 이렇습니다. "인턴기자들이 수행한 '아날로그식 정보검색'은 인터넷의 유용성을 입증하기도 하지만 인터넷이 부정확하거나 불충분한 정보를 양상하고 있음도 드러냈다."

학교에서 무언가를 조사해오라는 과제를 내주면 아이들은 이를 해결하기 위해 자연스레 인터넷 창을 엽니다. 유명 포털 사이트에 들어가서 포인트를 걸고 과제에 대한 답을 구하는 글을 올립니다. 답이 줄줄이 달립니다. 아이는 줄줄이 달린 답 중에서 가장 길고 그럴듯해 보이는 것을 골라 그대로 복사해 자신의 답안지에 붙여 넣습니다. 뭐라고 쓰여 있는지 자세히 읽어보지 않았지만 과제를 해결했으니 더 이상 고민할 필요가 없습니다. 그 답이 맞는지 인터넷에서 더 찾아볼 필요도 없고, 도서관에 가 책을 찾아보거나 관련된 정보를 알고 있는 전문가에게 물어볼 필요도 없습니다. 이렇게 과제를 해결한 아이들의 답안지는 대부분 비슷합니다. 개중에는 잘못된 답도 베낀 것처럼 똑같을 때가 있습니다. 이는 인터넷에 답을 다는 이들 대부분도 인터넷 어딘가에서 찾아낸 정보를 의심 없이 검증하지 않고 사용하고 있기 때문입니다.

그러나 책은 다릅니다. 대부분의 책은 검증된 정보를 제공합니다. 책에는 주장이 있고, 그에 대한 근거가 있고, 그것을 설명하는 논리가 있습니다. 거의 모든 저자가 특정 주제에 대해 깊이 연구하고 공부해 책을 씁니다. 같은 주제에 대한 똑같은 정보를 갖고도 그 것을 어떻게 비교, 선별, 조합하고 해석하느냐에 따라 전혀 다른 내 용의 책이 만들어집니다. 똑똑한 독자는 책에 있는 정보를 다시 비 교, 선별, 조합하고 해석해 자신만의 정보로 만듭니다. 이러한 힘은 의심하지 않으면 얻을 수 없습니다. 이탈리아 작가인 움베르토 에 코Umberto Eco의 **인터뷰 기사**를 잠시 살펴보겠습니다.

"내가 보기에는 그렇지 않아요. 가령 부자와 빈자가 있다고 칩 시다. 돈이 아니라 책을 많이 읽은 사람은 지적인 부자, 그렇지 못 한 사람은 가난한 사람으로 불러보자고. 이 경우 베를루스코니(이 탈리아 전 총리)는 가난하지. 나는 부자고(웃음). 내가 보기에 TV 는 지적 빈자를 돕고, 반대로 인터넷은 지적 부자를 도왔어. TV는 오지에 사는 이들에겐 문화적 혜택을 주지만 지적인 부자들에게 는 바보상자에 불과해. 음악회에 갈 수도 있고, 도서관을 갈 수도 있는데 직접적·문화적 경험 대신 TV만 보면서 바보가 되어가잖 소. 반면 인터넷은 지적인 부자들을 도와요. 나만 해도 정보의 검 색이나 여러 차원에서 도움을 많이 받았지. 하지만 정보의 진위나 가치를 분별할 자산을 갖지 못한 지적인 빈자들에게는 오히려 해 로운 영향을 미쳐요. 이럴 때 인터넷은 위험이야. 특히 블로그에 글 쓰는 거나 e북으로 개인이 책을 내는 자가 출판Self Publishing은 더욱 문제요. 종이책과 달리 여과장치가 없어요. 우리가 문화라고 부르는 것은 선별과 여과의 긴 과정이오. 특히 쓰레기 정보를 판단할 능력이 부족한 지적 빈자들에게는 이 폐해가 더 크지. 인터넷의 역설이오."

(……)

— 인터넷, 포털, SNS는 우리의 직접 경험을 제한하고 통제합니다. 인터넷이 백과사전이자 학교인 손자 손녀들에게 인터넷 시대에 대처하는 방법을 가르친다면 뭐라고 하렵니까.

"학교에서 정보를 여과하고 필터링하는 법, 분별력을 가르쳐야 해요. 인터넷 정보를 이용하는 건 어쩔 수 없겠지만 반드시 '비교'를 해봐야 하오. 하나의 정보 소스만으로는 절대 믿지 말 것. 같은 사안에 대해, 가령 열 개의 정보를 찾아본 뒤 꼭, 꼭, 꼭 비교할 것. 이것이야말로 교사들이 먼저 실천하고 가르쳐야 해요."

— 비단 인터넷 교육에만 해당되는 얘기는 아닌 것 같습니다.

"항상 회의하라Always be skeptical. 그걸 배워야 합니다. 위대한 기술이자 학습 방법이오. 사람에 대한 판단은 여럿의 이야기를 종합해보고 나서 결정하라는 것도 같은 이야기요. 사실상 교육의 유일한 방법론이오. 회의를 바탕으로 다른 정보를 취하고, 비교해서 판단하라. 교사들은 이렇게 얘기해야 하오. 인터넷도 물론 사용하되 관련 책도 찾아 읽어보라고. 그리고 따져보라고."

단순하게 읽어서 머릿속에 담아두는 시대는 지났습니다. 다른 사람보다 먼저 알고 많이 알면 이긴 것으로 알고 살았던 시대도 지났습니다. 이제 그것은 컴퓨터가 합니다. 이런 일을 사람이 하려고

2부_출력 독서, 말하고 쓰기

하지 않습니다. 그런 시간을 모아서 더 쉬고 더 재미있게 놀고 더 새로운 것을 만들려고 노력하는 일만 사람의 몫이 되었습니다. 그러다 보니 이상한 일이 생겼습니다. 사람이 컴퓨터가 시키는 대로 하는 것입니다. 사람의 두뇌와 사람만의 통찰력이나 판단을 컴퓨터가 하라는 대로 하는 것입니다. 모르는 길을 갈 때 자동차 내비게이션을 따라가다가 봉변을 당하는 경우가 그런 예입니다. 인간 두뇌 활동의 최고라고 자부하던 바둑마저도 인공지능을 이기기 힘든 세상이 되었습니다. 그렇다면 모두 다 기계에 맡겨야 할까요? 우리 아이들의 미래를 기계에 의지하고 살아가게 해야 할까요? 이 부분에 이르면 모두 고개를 돌립니다. 그렇지 않다는 생각에 동의하는 것입니다. 출력 독서가 기대하는 것은 바로 이런 것입니다.

기계적인 판단에 의지하고 따라하는 것이 아닌 바로 내 아이만의 생각을 세상으로 내놓으라는 것이지요. 그렇게 내놓으려면 읽은 내용을 고스란히 내놓을 수 없습니다. 그것은 저자의 생각이지 내 아이의 생각이 아닙니다. 심하게 말하자면 생각의 표절입니다. 그렇다면 어떻게 내 생각을 내놓아야 할까요?

그것이 '편집'입니다. 편집은 어려운 말이 아닙니다. 아주 단순하게 표현하면 조합하는 것입니다. 주어진 것은 아무것도 없습니다. 내가 알고 있던 지식과 경험 그리고 나만의 생각으로 다시 내 안으로 들어온 지식과 책의 내용을 엮어서 만들어가는 것이 바로 편집입니다. 처음에는 두려워합니다. 내게 주어진 문제에는 반드시 정답이 존재한다는 오랜 경험이 주는 폐해 때문입니다. 그러나 편집은 나만의 작품입니다. 내 생각이 있어야 다른 것과 만날 수 있습니다. 만나서 비교하고 대조하고 자신의 것을 포기도 하고 다른 사람의 생각을 용감하게 수용도 하면서 새로운 지식을 만들어가는 것이 편집입니다. 나에게 다가오는 공을 받으려면 손을 밖으로 하지 말고 안으로 당겨서 품에 안듯이 잡아야 합니다. 일단 다른 사람의 생각을 받아들여야 합니다. 그러고 나서 내가 이 공을 어디로 어떻게 다시 보낼 것인가를 판단하는 것. 이것이 편집입니다. 받은 즉시 보내는 것은 없습니다. 벽에도 공을 던지면 바로 튕겨 나옵니다. 그러나 배구도 농구도 야구도 공을 잡은 선수를 잘 살펴보세요. 공이 정해진 곳에 정해진 사람에게 정해진 속도와 방법으로 정확하게 가야 합니다. 그렇게 하기까지 수없이 많은 연습을 합니다. 그래서 몸에 익숙하게 된 사람들이 선수입니다. 그래야 경기장에 설 수 있습니다. 독서도 마찬가지입니다. 나만의 생각과 출력이 가능한 몸을 만들기 위해서 우리는 매일 매일 운동선수같이 연습을 해야 합니다. 매일 습관적으로 읽고 내 것으로 만들고 예전의 것과 새로운 것을 편집하는 연습을 해야 합니다. 사람마다 읽은 책이 다르고 읽은 내용이 다르더라도 그것을 서로 연결하여 새로운 지식을 만들고 새로운 방법을 열어가는 것은 오로지 사람만이 하는 위대한 지적 작업입니다. 그것을 우리는 편집 능력이라고 부르고, 이제는 아이들을 이러한 편집 능력을 가진 아이로 키워가야 합니다. 출력 독서를 하면 이런 능력을 가진 아이가 됩니다.

책은 정직합니다. 정보를 수집하는 시대는 이제 끝났습니다. 손에 들고 있는 스마트폰으로 손가락을 몇 번 움직이고 나면 원하는 답을 찾아내는 이른바 검색의 시대는 끝이 났습니다. 중요한 것은 필요한 정보를 나만의 방법으로 편집하여 나에게 필요한 지식으로 만들어가는 정보 편집 능력을 가진 사람이 되어야 합니다. 검색하지 말고 사색하고, 수집하지 말고 편집해야 하는 시대가 분명합니다.

02
퍼즐형 능력이 아닌
레고형 능력을 가진 아이

일본의 교육개혁 실천가인 후지하라 가즈히로의《책을 읽는 사람만이 손에 넣는 것》(비즈니스북스)을 읽어보면, '퍼즐형 사고'와 '레고형 사고'라는 말이 나옵니다. 저자는 일본 사회가 '다같이'가 중요했던 20세기형 성장사회에서 '개개인 각자'가 중요한 21세기형 성숙사회로의 전환을 맞았다고 말합니다. 더불어 성장사회에서는 퍼즐형 사고를 추구했지만, 성숙사회에서는 레고형 사고를 추구한다고 이야기합니다.

이는 우리에게도 해당하는 이야기입니다. 돌이켜보면 우리의 지난 20세기는 '성장'을 최우선의 가치로 여겼던 사회였습니다. 성장이 최우선 가치이다 보니 하나의 정답을 빠르고 정확하게 찾은 학생만을 최우선적으로 선발해 인재로 키워내는 것이 사회의 목표였습니다. 국가가 자신이 원하는 형태의 밑그림을 그려주면, 개인이나 조직이 그림을 빠르게 완성해가는 시스템이었습니다. 그림을 빠르게 완성하기 위해서는 오랜 시간 생각하지 않고 정해진 자리에 정확하게 맞는 조각을 찾아 끼워야만 했습니다.

이에 비해 21세기는 '성숙'을 추구하는 사회입니다. 개인의 인성을 바탕으로 개성을 마음껏 살려서 무엇인가를 완성해가야 합니다. 퍼즐처럼 주어진 그림은 없습니다만, 하나하나 조립하고 연결하다 보면 누구나 인정하고 수긍하는 모양이 만들어집니다. 이것은 레고 블록이 가진 특성이기도 합니다.

각각의 퍼즐 조각은 이미 정해진 자리가 있습니다. 정해진 자리를 벗어난 조각은 어디에도 쓸모가 없습니다. 조각을 잃은 퍼즐은 완성될 수 없습니다. 이처럼 퍼즐형 인간은 처음에 만들어준 그림만 완성할 수 있습니다. 그리고 그 그림을 자기 마음대로 바꾸지 못합니다. 그러나 세상은 변하여 그에 어울리는 새로운 그림을 필요로 하게 되었습니다. 앞으로는 더욱 빠르게 변하여 시시각각 다른 그림을 필요로 할 것입니다. 퍼즐 조각이 아닌 레고 블록이 필요한 사회가 된 것이지요.

지금의 교육이 답답한 이유는 레고 블록이 필요한데 퍼즐 조각만 만지작거리고 있기 때문입니다. 레고는 서로가 아이디어를 내고 블록을 쌓아가면서 새로운 모양으로 무한히 변합니다. 각자가 원하는 대로 만들면 되지, 누가 강요해서 만드는 건 아닙니다. 정해진 답 대신 스스로 인정할 수 있는 답을 찾아내는 것이 이 시대가 원하는 레고 블록의 역할입니다. 그렇다면 우리 아이를 어떤 능력을 가진 아이로 길러야 할까요? 출력 독서는 우리 아이를 레고형 능력을 가진 아이로 만들 수 있을까요?

예를 들어 설명해보겠습니다. 아이가 임진왜란에 대한 공부를 해야 한다고 가정하겠습니다. 임진왜란은 무려 400여 년 전인 1592년도에 일어난 전쟁입니다. 정보를 얻기 위해 우선 무엇을 해야 할까요? 당시에 살았던 분들은 이미 다 사망했으니 인터뷰는 불가능합니다. 인터넷을 다 뒤져서 정확한 정보를 골라내고 자신이 원하는 내용만을 수집하려면 엄청난 시간이 걸릴 겁니다.

결국 임진왜란과 관련된 책을 하나하나 읽어가면서 자신의 뇌속에 있는 레고 블록(정보와 사실)을 하나씩 연결해야 한다는 결론이 납니다. 내 생각과 저자의 생각 그리고 책 속에 등장하는 새로운 사실과 내용들을 레고 블록처럼 연결해나가야 합니다. 그래야 임진왜란에 대한 전체적인 윤곽과 내가 기대했던 사실들이 서서히 모습을 드러냅니다. 만약 이것을 퍼즐 형식으로 한다면 아주 간단합니다. 정해진 틀과 형식, 방법과 자료들을 다 주고 내 생각을 최소화하여 주어진 자료를 주어진 형식에 끼워 맞추기만 하면 됩니다. 그러나 21세기에 필요한 공부는 이런 공부가 아닙니다. 내생각 조각과 다른 사람들의 생각 조각을 레고처럼 연결하여 공동의 작품을 만들고 변형하여 새로운 것으로 완성해가는 공부가 필요합니다.

이런 측면에서 보면 아이들이 학교에서 배우는 교과서는 '퍼즐'입니다. 모든 정답의 기준은 교과서뿐입니다. 교과서에서 '3'이라면 '3'이 정답이고 다른 것은 전부 오답입니다. 이유도 없습니다. 교과서에 그렇게 나왔다고 하면 그것으로 끝입니다. 모든 시험 문제의 출제 근거가 교과서입니다. 몇 년 전 수능시험조차도 그 정답의 근거는 교과서라고 발표했습니다. 교과서 밖의 세상은 그렇지 않은데도 답은 오로지 교과서입니다. 이 모든 것이 퍼즐과 너무도 흡사합니다. 퍼즐처럼 정확하게 크기와 모양이 같아야 하고 반드시 그 자리에 자리 잡고 있어야 합니다. 조금이라도 변하면 안 됩니다. 움직여도 안 됩니다. 어느 과목 교과서 몇 쪽 몇째 줄에 나온 것이라고 하면 그것이 정답입니다. 세상 모든 일이 교과서 내용대로 진행된다면 교사가 세상의 모든 조직에 리더가 되면 됩니다. 교과서를 교사보다 더 잘 가르치는 사람은 없으니까요.

그런데 불행하게도 세상이 그리 만만치 않음을 우리는 너무도 확실하게 압니다. 이런 것을 안다고 하면서도 왜 독서를 멀리 할까요? 교과서는 학년이 끝나면 다 던져버리고 '절대로' 다시 읽지 않으면서 말입니다. 그런데 세상 모든 사람들은 교과서를 읽자고 하지 않고 책을 읽자고 외칩니다. 이상하지 않은가요? 뭐든지 정답만을 찾아다니면서 정답은 교과서 안에 있는데 정답이라고 말하기 어려운 책을 읽자고 하니 말입니다.

책은 교과서나 성경처럼 변하지 않는 절대 불변 진리의 텍스트Text가 아닙니다. 책은 '세상'이라는 컨텍스트Context 속에서 맥락과 배경을 가지고 만들어집니다. 세상과 떨어져서 만들어진 책은 없습니다. 절대로 세상을 벗어나서 만들 수 없는 것이 책입니다. 책에서 주장하거나 제기하는 모든 주제와 내용들은 세상에서 발견한 문제이고 세상에서 해결해야 하는 과제들입니다.

다른 매체들은 손으로 '누르'거나 '켜야'만 정보나 사실이 보이거나 확인이 가능하지만, 책은 오로지 '펼쳐야' 하는 매체입니다. 그래야 책이 되고 책이라고 부를 수 있습니다. 책은 분야도, 크기도, 내용도, 방법도, 마치 레고처럼 다양합니다. 다양한 사람들이 쓴 책은 새 생명처럼 세상으로 나와서 다시 새로운 것을 만들고, 지식을 새롭게 조직하고, 문화를 변화시키고, 새 역사를 창조하는 바탕이 됩니다. 절대 불변이 아닌 새로움을 창조하는 선순환 구조를 만들어 냅니다. 레고 같은 구조를 가진 것이지요.

학교에서 배우는 교과서가 퍼즐이라면 책은 블록입니다. 내가 읽고 내 생각과 경험과 지식을 바탕으로 새로운 정보를 만들고, 처리하고, 공유하고, 전달하고, 수정하고, 다시 내 것으로 만들어갑니다. 블록 만들기와 같습니다. 책은 이 순간에도 다른 정보와 만나서 새로운 정보와 지식으로 만들어지고 있습니다. 그 안에서 사람이 무엇을 하는지, 어느 공간에서 그런 일을 하는지, 그리고 그 배경이 무엇인지를 고민하게 만들고 내 몸을 움직이게 하여 새로운 세상으로 안내합니다. 정보를 지식으로, 지식을 지혜로 만들어가는 데 이만한 자료가 있을까요? 지금 내 손에 움켜쥐고 나만의 생각으로 블록을 만들어가듯이 책을 펼쳐 읽어보기 바랍니다.

독서는 나의 뇌 회로를 저자의 뇌 회로에 연결하는 작업입니다. 책을 읽는다는 행위는 나만의 관점에서 벗어나 서로 다른 관점을 공유하는 일입니다. 즉, 세상이나 문제를 보는 다른 관점을 터득하여 문제 해결 방법을 찾는 일입니다.

우리는 알파고와 이세돌 기사의 대국에서 엄청난 사실을 보았습니다. 하나의 바둑돌이 수많은 다른 바둑돌과 서로 연결 고리를 찾아가면서 새로운 길을 만들어가고, 나만의 집을 완성해가는 모습 말입니다. 이는 책의 한 구절 한 구절을 읽어가면서 찾아낸 새로운 지식을 내 뇌 속의 회로와 연결하는 작업과 매우 흡사합니다.

책을 읽은 사람과 안 읽은 사람의 차이는 레고 블록처럼 연결 능력과 방법을 아는가, 모르는가의 차이로 나타납니다. 21세기를 살아갈 수 있는 능력을 가지려면 바둑처럼 많은 수와 관점을 가져야 한다는 결론에 이릅니다. 그 방법은 책을 통해서 길러지고 얻어진다는 사실을 잊지 말아야 합니다.

03
단순 사고 능력이 아닌
연결 능력을 가진 아이

세상을 흔들었던 스티브 잡스. 21세기의 인간이 추구하는 삶을 보여주었던 그가 췌장암으로 세상을 떠났습니다. 그가 남긴 업적과 발자취는 아직도 많은 사람들이 연구 중입니다. 특이한 것은 스티브 잡스는 다른 사람처럼 무엇인가를 만들거나 발명한 것이 하나도 없습니다. 그가 가진 창의성에 사람들이 감동하고 놀라워했습니다. 우리는 그를 통해 창의성이란 낯설게 보이는 것들을 서로 연결하여 새롭게 만들어내는 것임을 알 수 있습니다. 그는 주변의 사물들을 사용하기 편하게 서로 연결했을 뿐입니다. 스마트폰이 대표적인 예입니다. 그 안에 들어 있는 모든 부품들과 기능은 이미 존재했던 것입니다. 음악 기기에 인터넷을 연결하고 여기에 전화기를 연결했습니다. 주변에 있던 수많은 부품과 기능을 사람들이 어떻게 하면 가장 편하게 사용할 수 있을 것인가를 연구하고 그대로 실천한 것이지요.

일본의 정보 공학연구자인 마스오카 세이고는 이렇게 말합니다.

"20세기에 이미 모든 요소가 다 나왔습니다. 21세기는 그 요소를 조합하는 일만 남았을 뿐입니다." 그렇다면 어떻게 연결하고, 조합할까요? 세상의 모든 지식은 홀로 존재하지 않습니다. 독립적인 학문은 세상에 없습니다. 철학도, 역사도, 과학도 수많은 지식과 정보가 결합되어 만들어진 결과입니다. 혼자서 공부하는 시대는 끝났습니다. 시간이 갈수록 집단 지성이 필요하고 같이 연구하고 지식을 공유하는 자세가 중요해지고 있습니다.

시간은 분명 미래로 갑니다. 과거로 돌아가는 시간은 없습니다. 흔들리면서 가는 듯해도 시간은 분명히 앞으로 갑니다. 다가올 시간이 멀어 보여도 우리에게 다가오는 미래는 자동차 백미러에 써 있는 것처럼 다가옵니다. '물체가 보이는 것보다 더 가깝다'는 사실입니다. 사물과 사물의 연결, 기계와 기계의 연결, 인간과 인간의 연결 등을 통하여 인류 문명이 앞으로 나갑니다. 이 연결의 중심에 사람이 있어야 합니다. 사람이 빠진 연결은 우리에게 무의미합니다. 연결의 과정이나 기준과 내용은 사람이 결정합니다. 인류의 문화 발전이 그렇게 진행되어 왔듯이 연결의 중심에 사람이 있습니다. 그 사람이 바로 책을 읽고 생각하고 새로운 것을 만들고자 노력하는 '독서인'입니다. 특히 출력 능력을 갖춘 사람이라면 이러한 연결 능력이 다른 사람보다 우수할 것입니다. 인류의 모든 지적 활동은 인류가 만든 문자를 통해서 이루어져 왔습니다. 문자의 탄생이야 말로 인간을 다양한 지적 활동으로 연결하는 중요한 발명품입니다. 문자 발명 이후 인류의 문명 발전은 상상 이상이었습니다. 문자를 기록하여 책으로 만들고 인쇄술의 발달로 그 기록은 책으로 다시 만들어져서 전 세계로 펼쳐지고 거리에 상관없이 지적인 연결이 가능해졌습니다. 문자 발명 이후 책을 만들고 그렇게 연결되어 발전하고 있는 오늘의 모습입니다.

개인적으로 할 수 있는 일은 별로 없습니다. 문제 발견과 해결 과정에 모든 사람들이 서로 연결되어 일을 하고 문화를 창조합니다. 이른바 집단 지성입니다. 어떤 개인도 집단보다 우수할 수 없습니다. 21세기에 필요한 인재의 기본 역량 중 하나로 다른 사람과의 협력 정신과 태도를 이야기합니다. 그 사람은 인종과 국가와 성별을 구분하지 않습니다. 그 누구라도 서로 지적인 연결을 통하여 새로운 문화를 창조하는 능력이 필요합니다. 그러기 위해서는 서로가 연결 마인드를 가지고 연결하고자 하는 노력을 해야 합니다. 자신이 부족한 점을 인정하고 상대방의 장점을 받아들이는 자세가 필요합니다. 서로의 지식과 경험, 지혜를 연결하는 데 중심점은 역시나 책입니다. 집단의 지성은 책에서 출발하는 것입니다. 각자의 선행 지식이나 선행 경험을 한곳에 모아두고 일정한 기준이 되는 책을 선정하여 서로 연결하는 것은 어찌보면 당연한 일입니다. 사람과 사람의 연결에도 중매인이 필요하듯이 서로의 지식을 한곳으로 모으기 위해서도 그 연결의 중심이 되는 책이 필요한 것입니다.

출력 독서는 개인적인 활동을 바탕으로 자신이 알게 된 것을 토론과 쓰기 활동을 통해서 다른 사람과 연결해야 함을 강조합니다. 서로가 연결되기 위해서는 경쟁하지 말아야 하고 정답을 찾으려고 하기보다 질문을 통하여 새로운 문제를 발견하고 해석하는 능력을 갖춰야 합니다. 그렇기 때문에 토론을 강조하는 것입니다. 토론은 결국 나와 다른 사람과의 대화를 통한 지적인 연결 활동입니다. 독후감 역시 마찬가지입니다. 나만의 독후감 쓰기보다는, 독후감을 공유하고 서로의 생각을 나눔으로써 새로운 해석과 지적인 활동이 가능하게 됩니다.

책을 통해서 얻어낸 지식이나 정보, 사실, 경험 등은 아직 어항 아래에 가라앉아 있는 모래와 자갈과 같습니다. 이후에 새로운 책을 읽게 되는 순간부터 가라앉아 있던 예전의 지식이나 정보, 사실, 경험 들이 수면 위로 떠오르게 됩니다. 이렇게 떠오른 것들이 또 다른 새로운 지식이나 정보, 사실, 경험과 엉키게 됩니다. 그렇게 엉키는 순간부터 생각이 깊어지고 의식 수준이 높아집니다. 사고의 수준이 높아지고 지식이 많아지는 것이지요. 이러한 것들은 시간이 지날수록 머릿속에 경험, 배경지식, 기술, 정보, 사실 등으로 정리됩니다. 즉, 내 머릿속에서 거대한 지식의 창고를 만드는 것입니다.

이렇게 만들어진 지식의 창고가 그저 단순한 창고로만 사용된다면 아무런 의미가 없습니다. 그대로 두면 썩고 말지요. 창고의 물건은 유통되어야 합니다. 이른바 지식의 유통 혹은 순환이 필요합니다. 머릿속에서 이러한 것들이 서로 연결되어야 합니다. 연결하는 방법은 무엇일까요? 혼자서는 연결할 수 없습니다. 그래서 책을 읽고 다른 사람과 대화하고, 토론하고, 비교하고, 판단하고, 서로의 생각을 연결하는 과정이 반드시 필요한 것입니다. 이런 과정을 거치다 보면 자신도 모르는 사이에 감정이나 생각을 공유하게 되고 서로의 생각을 비교하고 판단하여 다시 새로운 지식을 쌓아가게 됩니다. 서로의 지식을 자석처럼 밀치거나 끌어당기면서 점점 더 강한 자력을 갖게 되는 것이지요.

이렇듯 한 권의 책은 단순하게 한 권으로 끝나지 않고 계속해서 다른 책과 연결됩니다. 그렇다고 책만 읽어서 연결되는 것도 아닙니다. 경험이나 체험이 필요한 이유입니다. 단, 책이 가장 강력한 촉매제의 역할을 한다는 것입니다. 성공한 사람들 뒤에는 그를 이끌어준 책이 존재합니다. 독서 없이 성공한 사람은 찾아보기 힘듭니다. 예전에는 가능했을지 몰라도 이제는 불가능합니다. 지금은 지식정보 사회이기 때문입니다.

우리가 읽는 책은 또 다른 책과 연결되고, 자신과 연결되고, 세상과 연결됩니다. 다양한 종류와 다양한 분야의 책을 골고루 읽어야 하는 이유입니다. 내가 읽고 있는 책과 우리가 사는 삶에 어떤 연결 고리가 있는가를 알고 나면 책 읽기에 점점 더 빠져듭니다. 그런 경험이 많아질수록 연결 고리가 단단해지고 더 많아지게 됩니다. 그 연결 고리로 인해 우리는 세상을 살며 만나는 문제를 여러 가지 방법으로 해결해나갈 수 있게 되고 자신감을 갖게 됩니다.

부록

소개할 책들은 필자가 과정 중심 독서를 하기에 좋다고 판단하여 일부 선택한 것입니다.

이 책들은 읽기 전-읽는 중-읽은 후 등 세 단계로 구분하여 지도하는 데 적절합니다. 특히 '한 학기 한 권 책 읽기'를 운영하는 데 필요한 책들로, 가정이나 학교에서 이 책이 주장하고 강조하는 출력 독서를 하는 데 아주 유용하게 활용이 가능합니다.

주로 그림책과 간단한 이야기 구조를 가진 책으로 가치 있고 철학적인 내용을 포함하고 있습니다.

소개된 책들을 활용하여 출력 독서를 위한 기본 연습과 독서 수준과 단계를 향상시키는 기회를 마련하기 바랍니다.

구두전쟁/ 거짓말/ 어른들은 하루 종일 어떤 일을 할까?/ 시간이 흐르면/ 도깨비가 슬금슬금/ 행복한 늑대/ 두려움을 담는 봉투/ 세상에서 제일 무거운 황금접시/ 점/ 느끼는 대로/ 게으른 새/ 연어/ 버스 놓친 날/ 엘 데포/ 성균관의 비밀 문집/ 폭풍우 치는 밤에/ 나는 버텨 낼거야/ 책 안 읽고 사는 법/ 2등을 위하여/ 행운을 찾아서/ 싫어요!/ 강철 이빨/ 말더듬이 내 친구, 어버버/ 잘못 뽑은 반장

출력
독서를
위한
추천 도서

1. 구두전쟁

(한지원 지음, 한림출판사)

　말 그대로 전쟁입니다. 이 책을 읽고 나서 아이들이 아우성칩니다.

　우리 엄마하고 같아도 너무 같다고 합니다. 그냥 읽으라고 하면 안 읽습니다. 책 읽기에도 교사의 안내가 필요한데 그 안내는 아주 간단합니다. 일종의 슬쩍 알려주기 정도의 수준이면 족합니다. '이런 책은 어때?' 정도 혹은 '이 책은 정말 좋아' 하면서 은근히 압박(?)하는 전략 말입니다. 아이들은 늘 갖고 싶은 것이 있습니다. 그런데 돈이 없거나 벌지 못해서 늘 엄마에게 아쉬운 소리를 해야 한다고 합니다. (이것은 아이들의 표현입니다.) '빨간 구두'를 갖고 싶어 하는 아이가 이 책의 주인공입니다. 그것만 내 손에 들어온다면 먹기 싫은 채소도 먹을 수 있고, 세상에서 가장 착한 어린이가 될 것이라고 이야기합니다. 우리도 그렇지만 아이들도 하나에 꽂히면 그것만 보입니다. 주인공에게는 구두만 보입니다. 아이가 조르기 시작합니다만, 엄마의 방어도 만만치 않습니다. 전쟁은 이렇게 언제나 공격과 수비가 맞서는 일입니다. 누가 이길까요? 이 책에 등장하는 모든 이야기는 마치 우리집에서 일어나는 일 같습니다. 동작이나 하는 말이나 모두 실제 있는 일 같지요. 전쟁을 나타내듯이 화살과 방패가 등장하고 서로의 입장과 그것을 대변하는 말과 그림이 마음을 훈훈하게 하지요. 부모와의 대화 방법, 작은 상처를 감싸고 이해시키는 방법, 그런 마음을 다스리는 방법을 알게 하는 재미있는 책입니다. 저자의 글과 그림이 아주 단순하지만 그 안에 담긴 엄마의 진정한 마음이 그대로 전해지는 책입니다.

2. 거짓말

(나카가와 히로타카 글, 미로코 마치코 그림, 이기웅 옮김, 길벗어린이)

이 책은 그림책이지만 다른 그림책과 다릅니다. 초등학생이 가장 많이 하면서 그 의미를 잘 이해하지 못하는 '거짓말'에 대한 이야기입니다. '거짓말은 도둑질의 시작'이라는 책의 첫 문구가 머리를 때립니다. 읽는 사람을 자석처럼 강하게 끌어당깁니다. 이 이야기부터 풀어나가면 성공입니다. 조금 시간이 걸리더라도 책의 첫 문장 하나를 가지고 '읽기 전 활동'을 하고 나면 이 책은 대단하게 다가옵니다. 우리가 하루 종일 하는 말 중에 거짓말이 얼마나 될까요? 책을 읽다 보면 여기저기에 거짓말이 깔려 있지만 우리는 그것을 거짓말이 아니라고 합니다. 이 책은 이야기 구조를 가진 책은 아니지만 아이들에게 거짓말에 대한 이해와 인식을 갖게 하는 데 아주 효과적인 그림책입니다. 아이들과 이 책의 끝 부분에 등장하는 '사람들이 거짓말을 하는 경우'를 잘 읽어보세요. 가슴이 뜨끔한 아이가 많을 텐데요. 질문을 많이 하게 만드는 책입니다. 이 말은 거짓말이 절대 아닙니다.

3. 어른들은 하루 종일 어떤 일을 할까?
(비르지니 모르간 지음, 장미란 옮김, 주니어RHK)

    아이들을 학교에 보내고 대체 어른들은 어디서 무엇을 할까요? 아이들이 엄청 궁금하게 생각하는 부분입니다. 아빠 얼굴은 보기 힘들고, 그것도 주말이나 되어야 소파에 잠들어 있는 아빠의 모습을 볼 수 있다고 합니다. 이상하지요? 왜 아빠는 거실 소파에서 잘까요? 아침에 일어나면 아빠는 벌써 출근하셨고, 엄마도 허둥지둥 말과 행동이 마치 전쟁을 치르듯이 하루를 시작합니다. 대체 어른들은 무슨 일을 하기에 이렇게 바쁜 것일까요? 이 책에 소개되는 일하는 장소는 14곳입니다. 그런데 혼자서 일하는 어른은 없습니다. 같은 직장에서도 하는 일은 서로 다르지요. 세상에 다양한 직업이 있다는 것을 알게 하는 책입니다. 다른 책과 달리 크고 그 안에 있는 설명이나 그림들이 아이들이 보기에 편하게 만들어졌습니다. 14곳의 장소를 소개하는 첫 페이지에서 어른들이 일하는 모습을 한눈에 볼 수 있습니다. 페이지마다 재미있는 그림과 일의 내용을 쉽게 알 수 있는 그림이 시선을 끕니다. 읽을수록 세상에서 하는 일은 절대 혼자 하는 것이 아니라는 사실을 깨우치게 됩니다. 예를 들어 볼까요? 음악회 하나만 보아도 그렇습니다. 지휘자, 연주자, 작곡가, 오페라 가수뿐만 아니라 표를 판매하는 매표소 직원, 연주 모습을 찍는 사진사, 공연 분위기를 극적으로 만들어주는 조명기사 등이 있고 한 사람이라도 빠지면 공연을 할 수 없다는 것을 알게 됩니다. 이래서 어른들이 바쁠까요? 책은 직업의 현장감을 보여줍니다.

이 책 속에 등장하는 직업의 수는 몇 가지나 될까요? 책을 읽으면서 이것을 살펴보는 재미도 책의 맛을 더할 듯합니다.

4. 시간이 흐르면

(이자벨 미뇨스 마르틴스 글, 마달레나 마토소 그림, 이상희 옮김, 그림책공작소)

시간은 정직합니다. 그런데 우리는 소중하다고만 말하지 제목처럼 그것을 실감하지는 못합니다. 특히나 초등학생들이라면 더하지요. 시간이 흐른다는 것을 무엇으로 알 수 있을까요? 어느 아이는 시계의 초침이 가는 것을 보고 안다고 말합니다. 책을 읽기 전에 시간에 대한 이야기가 우선되어야 합니다. 시간이 변하게 하는 것은 무엇일까요? 하늘의 구름, 꽃들이 시들어가는 것, 내가 저녁에 잠을 자는 것, 자고 나면 아침에 되는 것 등 이야기를 시작하면 팝콘이 터지듯 봇물처럼 이야기를 합니다. 강아지가 어미가 되어서 다시 새끼를 낳는 것부터 내 동생이 말을 하는 것, 할머니가 다리에 힘이 없어서 내 동생 유모차를 밀고 가는 것 등 말입니다. 그림책이지만 내용이 어렵다기보다는 아이들이 가장 어려워하는 '시간'이라는 개념을 주제로 다루고 있습니다. 이렇게 질문하면 좋습니다. '그렇다면 앞으로는 어떻게 될까?' 이야기 구조를 가진 그림책은 아니지만 질문과 답을 이어가면서 시간을 이해를 하는 데 도움이 됩니다. 우리나라에서는 보기 힘든 포르투갈 책인데, 그 나라에서 아동작가협회(SPA) 선정 '2015년 최고의 어린이 책' 상과 '2014년 올해의 일러스

트레이션' 상을 수상했다네요. 정신없이 살고 있는 그래서 '아! 나의 시간이여'를 말하는 부모님이 읽어도 좋은 책입니다.

5. 도깨비가 슬금슬금
(이가을 지음, 북극곰)

　요즘 아이들에게는 생소한 도깨비 이야기입니다. 그러나 어른들은 모두 도깨비 이야기를 듣고 자랐고 이를 통해서 이야기의 재미를 알게 되었습니다. 우리나라 옛이야기의 단골손님이 바로 도깨비입니다. 도깨비에게도 우리가 모르는 특징이 있다고 합니다. 사람들에게 들켜도 안 되고, 무엇을 가질 수도 없는데, 도깨비는 신기하게도 사람들과 가까이 지내려고 한다네요. 이 책에 등장하는 일곱 편의 도깨비 이야기를 살펴보세요. 초등학생이라면 누구라도 귀를 세우고 들을 것입니다. 그리 길지도 않고 재미있는 이야기들입니다. 도깨비 이야기라고 무섭다고 생각하지 마세요. 오히려 사람보다 더 친숙하게 느낄 것입니다. 갑자기 무섭게, 놀라게 하려고 다가오는 도깨비가 아닌, 책 제목처럼 슬금슬금 우리에게 다가오는 도깨비들의 이야기를 들으면 우리나라 전통문화의 특징과 함께 요즘 아이들이 느끼기 힘든 새로운 옛이야기의 재미를 느낄 것입니다.

6. 행복한 늑대

**(엘 에마토크리티코 글, 알베르토 바스케스 그림,
박나경 옮김, 봄볕)**

동물 중에서 늑대는 늘 악하게 등장합니
다. 영화로 치면 악당 전문 배우인 셈입니
다. 주인공이 돋보이려면 악당의 역할이 중
요합니다. '뭐 저런 인간이 다 있어?'라고
할 정도의 악당이 필요합니다. 만약에 늑대가 늑대답지 못하다면 어
떨까요? 이런 상상에 어울리는 작품이 바로 이 책입니다. 그런데 제
목이 이상합니다. '행복한 늑대'입니다. 그렇다면 행복한 이유가 동
물을 많이 잡아먹어서 일까요? 책 읽기 전 상상 활동이 이 책의 매
력을 더해줍니다.

자신의 아들 늑대가 아무리 보아도 늑대 같지 않아서 자신의 오빠
에게 전화를 하여 늑대다운 늑대로 만들어달라고 부탁합니다. 가문
을 더럽히는 순한 늑대를 본 외삼촌 늑대는 자신의 조카를 가르치려
고 합니다. 세상에서 가장 잔인하고 무서운 늑대로 말입니다. 이야기
의 발상이 정말로 재미있습니다. 어떻게 하면 세상에서 가장 잔인하
고 무서운 늑대가 될까요?

여러 가지를 가르쳐보지만 외삼촌의 뜻대로 되지 않습니다. 오히
려 되치기를 당합니다. 어떤 일로 되치기를 당할까요? 아기 늑대의
흥미와 관심은 다른 곳에 있었습니다.

저마다 타고난 재능이 다르다는 것을 이야기하고자 합니다. 그 재
능을 사랑해주고 인정해주면 아이는 기대 이상의 능력을 발휘하고

성장합니다. 그리고 그것이 행복임을 깨닫게 됩니다. 그래서 제목이
행복한 늑대인가 봅니다.

7. 두려움을 담는 봉투

(질 티보 글, 지니비에브 데프레 그림, 이화연 옮김, 천개의바람)

두려움은 어디서 올까요? 학교를 입학하면서 두려움이 더 많아진다고 합니다. 부모들이 걱정하는 것도 아이가 학교 생활에 두려움 없이 잘 적응할 수 있는지입니다. 친구와 잘 어울리는지? 학교 시설물 사용은 잘 하는지? 계단은 잘 오르는지? 화장실 사용은 잘하는지? 등등 말입니다. 주인공 마티유도 마찬가지입니다. 아빠와 같이 호수로 물놀이를 갔다가 풀밭에서 뱀을 만납니다. 이때부터 생긴 트라우마일까요? 마티유 마음속에 두려움이 자리 잡게 됩니다. 어떻게 떨쳐내야 할까요? 우리는 늘 주변의 안전사고에 노출되어 있습니다. 폭풍우가 치는 밤에도, 자동차 사고에도, 놀이터 등에서도 말입니다. 마티유는 이런 두려움을 떨쳐보려고 노력합니다. 숨차게 달려도 보고, 물도 마셔보지만 도무지 두려움이 가시지 않습니다. 심지어 주문도 외워봅니다. 그런데 이 두려움은 내 몸에 딱지처럼 붙어 있는 듯한 기분이 듭니다. 이 두려움을 어떻게 떨쳐낼까요?

이 책은 수많은 불안과 두려움을 안고 살아가는 우리들에게 도움이 되는 책입니다. 저자가 강조하는 것은 이 두려움을 들여다보는 시

간이 필요하다는 것입니다. 두려움에 맞서는 아이들에게 응원을 보내고 누구나 가지고 살고 있는 두려움을 건강하게 받아들이는 방법을 이야기하고, 두려움에 맞서는 순간을 경험하라고 합니다.

8. 세상에서 제일 무거운 황금 접시
(버나뎃 와츠 지음, 김서정 옮김, 봄볕)

내 것이 아닌 물건을 손에 넣었을 때, 가슴이 뛰었나요? 걸음걸이가 달라지고, 나도 모르게 주변을 살피게 되나요? 그 이유에 대한 힌트로 이 책의 제목에서 찾게 됩니다.

'세상에서 제일 무거운 황금 접시'라면 대체 얼마나 큰 접시일까요? 그런데 내용을 보면 우리가 상상하는 큰 접시가 아니고 작은 장난감 접시입니다. 그런데 왜 무겁다고 했을까요?

이소벨은 친구 엘리자베스와 함께 인형의 집을 가지고 놀다가 인형의 집 벽에 걸린 예쁜 황금 접시를 떼어 자신의 주머니에 넣고 맙니다. 이때부터 등장하는 이소벨의 심리묘사가 대단합니다. 글을 읽는 내가 마치 이소벨이 된 것처럼 가슴이 뛰고 얼굴이 빨개지는 느낌을 갖게 됩니다. 뛰다시피 하여 집으로 돌아온 이소벨에게 어떤 일이 일어나게 될까요? 마음은 계속 불편해집니다. 왜 그럴까요? 내 것이 아닌 물건을 볼 때마다 마음은 점점 더 불안해지고 불편함을 넘어서 이 황금 접시를 어떻게 할지 몰라 전전긍긍하는 이소벨의 모습이 책을 읽는 이들을 긴장하게 만듭니다. 그것은 바로 양심 때문이었습니다. 누구에게나 있는 것인데 이것이 이렇게 무겁고 힘들고 사람을 어찌할 수 없게 만드는 것인지 몰랐다고 합니다.

드디어 이소벨이 용기를 냅니다. 이소벨은 어떤 용기를 내고 어떻게 이 무거운 마음을 가볍게 할까요? 아이들에게 용기와 양심에 대한 이해와 설명을 하기에 매우 훌륭한 책입니다.

9. 점

(피터 레이놀즈 지음, 김지효 옮김, 문학동네 어린이)

긴 설명이 필요 없는 훌륭한 그림책입니다. 어떤 아이가 읽더라도 가슴에 '쿵'하고 밀려오는 무엇을 느끼고 강한 자신감을 갖게 하는 책입니다.

바로 '점'입니다. 미술시간에 아무것도 하지 않던 베티가 선생님의 지시에 순종하지 않고 도화지에 연필을 내리 꽂으면서 사건이 시작됩니다. 그 순간 도화지에 점이 찍힙니다. 일주일 후에 교실에는 베티의 그 '점'이 액자에 '작품'으로 걸립니다. 베티가 작가가 되는 순간입니다. 이 순간 책을 읽던 아이들의 눈이 변합니다. 표정도 변합니다. 대체 이게 무슨 상황인가? 저자의 통찰력과 아이들의 감정선을 예리하게 파악하는 심리묘사가 대단한 그림책입니다.

베티는 그 이후 어떤 아이로 변할까요? 반항하던 베티가 용기를 내어 지금까지 '한번도' 써보지 않았던 그림 도구를 펼치면서, 베티는 완전히 다른 아이로 변합니다. 읽을수록 빠져들 수밖에 없는 우리들의 영원한 그림책입니다.

10. 느끼는 대로

(피터 레이놀즈 지음, 엄혜숙 옮김, 문학동네
어린이)

이 책은 앞에서 소개한 《점》의 속편입
니다. 누구는 《점》의 속편을 선이나 면
이라고 하지만 그렇지 않습니다. 제목이
의미하는 것이 무엇일까요? 《점》에서 이어진 《느끼는 대로》에서 무
엇을 알 수 있을까요? 대체 어떻게 이야기가 이어질까요? 이 책의 주
인공은 베티로부터 용기를 얻은 소년입니다. 《점》에서 베티에게 강
한 충격을 받은 아이가 집으로 돌아와 베티 같은 '화가'가 되려고 노
력합니다. 점 하나로 화가가 되었으니 자신도 가능할 것이라고 생각
하여 열심히 그림을 그려보지만 만만치 않습니다. 도무지 성에 차지
않아서 동생을 닥달하고 자기 방에 들어오지도 못하게 합니다. 방 안
에는 온통 그리다 만 종이가 널부러져 있고 마음은 불편하기만 합니
다. 그러다 동생에게 건드리지 말라고 화를 내고 방을 나갑니다. 그
마음이 이해가 갑니다. 마음대로 그려지지 않으니 말입니다. 동생은
형이 그린 그림을 펼쳐서 다시 벽에 붙이고 무엇을 그렸는가를 살
펴봅니다. 화분, 꽃 등 동생의 눈에는 그림이 보이기 시작합니다. 다
시 돌아온 형은 자기 방에 걸린 그림을 보고 충격을 받습니다. 그리
고 동생의 이야기에 충격을 받지요. '그래 느끼는 대로 그리면 되는
구나!' 이 순간 온 몸의 세포가 다시 살아서 움직이는 듯한 기분이 들
게 됩니다. 손발에 힘이 들어가고 다시 베티 같은 자신감과 자신만의
느낌을 갖게 됩니다. 이 순간 책을 읽던 아이들도 온 몸의 표정이 다

부록_출력 독서를 위한 추천 도서

시 살아납니다. 마치 나 같은 아이가 이렇게 변했다는 자신감. 그리고 나의 느낌은 무엇일까를 고민하고 생각했다면 이미 그는 누구보다 뛰어난 아이입니다. 그는 이미 '무엇인가'를 찾아낸 위대한 화가입니다. 책 표지에 보이는 제목의 글씨가 '느끼는 대로'라는 제목의 의미를 나타내는 듯합니다.

11. 게으른 새

(카미유 루종 지음, 강희진 옮김, 우리나비)

아이들은 반복적인 일을 싫어하고 귀찮아합니다. 아이들만 그런 줄 알았는데 이 책을 보니 새가 날기를 귀찮아합니다. 이게 대체 무슨 일일까요? 제목을 보고 상상하면 더 많은 이야기가 펼쳐집니다. 책 표지를 보고 이야기하면 다양한 이야기들이 나옵니다. 하늘을 나는 비행기 안에 타고 있는 것은 분명 새인데 왜 새가 그 안에 있을까요? 대체 게으름의 끝은 어디일까요? 주인공은 날개가 있지만 날기를 귀찮아하는 새입니다. 하늘을 날아다니는 비행기나 열기구 등을 얻어 타고 다닙니다. 호기심이 많아서 일까요?

열기구를 타고 화산과 큰 분화구를 보기도 하고, 낙하산도 타보고, 사막도 탐험하지요. 그러다 정글에 사는 늘보와 같이 놀기도 합니다. 이렇게만 살면 좋을 텐데 어디 그런가요? 위기가 닥칩니다. 어떤 위기일까요? 그리고 게으른 자신의 행동이 어떻게 변할까요?

대체 이 책의 저자가 나타내고자 하는 것은 무엇이었을까요? 게으르게 살자? 편안하게 살자? 아니면 여유를 갖고 살자? 아이들에게 그 이유를 이야기해보게 하는 데 부담 없는 그림책입니다.

12. 연어

(김주현 글, 김주희 그림, 고래뱃속)

연어는 회귀성 어류입니다. 자신이 태어난 곳으로 다시 돌아온다는 물고기지요. 다른 책과 달리 흑백으로 처리한 듯하지만 연어의 알은 붉은 색으로 표시하고 있습니다. 책은 가로로 펼쳐서 보게 되어 있습니다. 그림과 글씨를 읽다 보면 어느새 책이 끝나고 다시 연어가 되어서 일생을 순환적으로 살게 된다는 사실을 알게 됩니다. 연어의 일생을 과학책으로 배우기보다는 이렇게 이야기와 그림으로 배워도 좋겠다는 생각을 갖게 하는 책입니다.

연어가 강에서 알로 태어나 죽을 때까지 살아가는 모습을 생생하게 볼 수 있습니다. 현란한 색깔보다는 흑백의 단순한 이미지가 책을 보는 데 집중하게 합니다. 그런데 이 책을 아코디언처럼 펼치고 나면 더 멋집니다. 전체 길이 약 3미터가 넘는 아코디언 그림책으로 변합니다. 그리고 그것을 펼쳐서 보면 연어의 삶을 한눈에 볼 수 있습니다. 아이들이 좋아서 뜁니다. 고무판화 기법으로 된 그림입니다. 그림책의 글쓴이와 그린이가 비슷하여 알아보니 자매라고 합니다. 그들의 첫 번째 작품이라고 해서 더욱 놀랐습니다. 생명의 위대함을 알게 하는 책입니다.

13. 버스 놓친 날

(장 뤽 루시아니 지음, 김동찬 옮김, 청어람주니어)

편집강박 장애라는 병을 앓고 있는 주인공의 자명종이 울리지 않은 어느 날, 사건이 시작됩니다. 정해진 시간과 정해진 자리에서 모든 일이 시작되고, 모든 일이 예정대로 진행되어야 하는데 아뿔싸! 그만 모든 것이 다 엉클어지게 되었습니다. 혼자서 학교도 가야 하고 모든 일을 뒤죽박죽 상태에서 해결하고 시작하고 스스로 해야 합니다. 주변에 보이는 모든 것들은 어제와 완전히 다르고, 다른 사람들만 보이고 다른 소리만 들립니다. 그렇게 시작된 사건 안에서 주인공은 전혀 다른 시간과 장소에서 만나는 세상 사람들을 보고, 또 다른 세계가 있음을 알게 됩니다. 태어나서 처음 겪는 두려움을 떠나서 자신에게 주어진 이 환경과 순간과 장소와 시간 안에서 전혀 다른 인물들과 이야기도 해야 합니다. 그리고 이 혼란스러운 하루를 마쳐야 합니다. 모든 것들이 엉클어진 이 사건을 주인공은 어떻게 해결하고 이겨낼까요?

필자는 이 책을 통해서 '출력 독서'를 고민하게 되었습니다. 누구든지 자신만의 세계에 갇혀 살지만 그런 것을 인식하지 못하고 삽니다. 이 책을 통해서 그리고 주인공의 하루를 통해서 우리는 울타리 쳐진 내 생활을 돌아보게 됩니다. 과연 누가 장애를 가진 것일까요? 모든 것이 세상과 조금 '다른' 주인공 벵자맹의 하루를 통해서 우리는 우리 주변의 시간과 장소 그리고 일상에 대한 새로운 관점을 갖게 됩니다.

14. 엘 데포

(시시 벨 지음, 고정아 옮김, 밝은미래)

아이들이 좋아하는 만화 형식의 책으로 모두 21가지의 시간으로 만들어졌습니다. 주인공은 4살에 뇌수막염을 앓아 청력을 잃게 됩니다. 주인공의 이름은 시시입니다. 어? 그런데 저자 이름과 같지요? 주인공이 실제로 어려서 겪은 이야기입니다. 결국 시시는 보청기를 끼고 살아갑니다. 들리지 않아서 말을 하기 힘든 고통을 이겨내고 사람들의 입술을 보면서 무슨 말을 하는지 알아내야 하는 공부도 합니다. 그런 교육을 통해서 장애를 얻기 전과는 전혀 다른 생활을 하게 됩니다.

나이가 들어서 초등학교 들어가게 되고 학교에서 제공한 '포닉 이어'라는 거대하고 강력한 학교용 보청기를 몸에 달고 학교를 다니게 됩니다. 이 기계는 선생님이 목에 거는 마이크와 짝이 되어 작동합니다. 그러자 선생님의 목소리가 시시의 귀에 잘 들리게 됩니다. 시시는 이 기계를 자신만의 '슈퍼 청력'이라고 하고 자신을 '엘 데포'라고 부릅니다. 자기 스스로 영웅이라고 생각합니다. 과연 이런 장애를 가진 주인공에게 친구가 나타날까요? 친구가 필요하다면 어떤 친구가 좋을까요?

이 책은 저자의 어린 시절 이야기입니다. 이렇게 상상하고 읽으면 어떨까요? 만약 나에게 잘 들리지 않는 장애가 있다면 다른 사람들과 어떻게 이야기를 나누고 소통할까요? 이런 상상 하나만으로도 이 책에서 얻을 수 있는 것들이 많습니다. '장애'라는 주제의 이야기는 읽는 사람을 불편하게 할 수 있습니다. 그러나 우리 혼자만 살 수 없는 세상이라면 그들과 어떻게 소통하고 편견을 없애야 할지 고민하는 것도 우리의 몫이 아닐까요?

15. 성균관의 비밀 문집
(최나미 글, 박세영 그림, 푸른숲주니어)

조선 정조 시대에 실제 있었던 '문체 반정'에 대한 역사 동화입니다. 책 속에 등장하는 낱말들은 아이들에게 생소합니다. 문체, 생원, 유생, 세 책방, 유벌 등등 말입니다.

그러나 사전 등을 통해 뜻을 알고 나면 고개를 들기 힘든 책입니다. 바로 그 현장으로 빠져들어서 주인공 입장에서 책을 읽게 됩니다. 역사 속에 가려진 사건을 이야기로 들춰내서 읽는 사람에게 질문을 던지고 그 답을 찾아보게 하는 전개 형식이 손에 땀을 쥐게 합니다.

왕이 시키는 대로 글도 써야 할까요? 아니면 자신의 생각과 주장을 과감하게 드러내야 할까요? 각자의 입장을 정한 후에 읽어도 좋습니다. 각자의 입장에 대한 주장과 근거를 논리적으로 드러내야 할 테니까요. 책을 읽는 아이들에게는 좀 지루할 수도 있겠지만, 읽기 전에 이 책의 배경 설명을 듣고 확인하고 나면 이 책에서 빠져나오기 힘듭니다. 그러므로 반드시 배경에 대한 공부를 하고 난 다음에 성균관 유생들의 생활 속으로 빠져들어보기 바랍니다. 아마도 역사 소설에 대한 다양하고 새로운 이해를 갖게 될 것입니다.

그나저나 위에서 던진 질문에 대해서 어떤 입장인가요? 임금이 시키는 대로? 아니면 자유롭게? 답은 없습니다. 그런 고민 속에서 자신의 생각을 키우는 것. 그것이 바로 출력 독서입니다.

16. 폭풍우 치는 밤에
(기무라 유이치 글, 아베 히로시 그림, 김정화 옮김, 아이세움)

이 책은 아이들이 흔히 만나기 어려운 장편으로, 무려(?) 6권이나 되는 그림책입니다. 그림책이지만 한 번 잡으면 놓기 힘든 책입니다. 그림도 거칠어 보이지만 과감한 생략과 의미 전달력이 우수합니다. 그러나 그 내용은 상상 이상으로 재미있습니다. 언제나 상극인 두 동물. 늑대와 아기 염소가 주인공입니다.

주인공은 가부와 메이. 어느 날 폭풍우 치는 밤에 헛간에서 둘은 운명적으로 만납니다. 서로의 얼굴을 보지 못한 채 내일 아침에 만나기로 약속을 하고 다시 만난 이들은 서로의 얼굴을 보고 놀라지만 이미 약속은 약속. 둘은 소풍을 떠나면서 자신들의 속셈을 숨긴 채, 그리고 각자의 종족들에게 의심도 받아가면서 우정과 약속을 지키기 위한 눈물겨운 노력을 합니다.

이 책의 주제가 무엇이냐고 묻지 말기 바랍니다. 자칫 그런 것을 생각하고 읽다가는 책 읽는 재미를 잃어버리게 됩니다. 아이들에게는 생소한 장편이지만 장편 읽기의 재미를 알게 될 것입니다. 마지막

권에 이르러서는 아이들이 눈물을 흘리기도 합니다. 슬프고도 아쉬운 마지막 장면, 이것이 책 읽기의 묘미입니다.

반드시 이 책을 보기 전에 같은 제목의 애니메이션을 보지 않기 바랍니다. 그럼 책 읽는 재미와 상상, 그리고 그림책이 주는 재미를 사정없이 빼앗겨버릴 것이기 때문입니다. 읽다 보면 뭔가 가슴에 팍 박혀버리는 것. 그것이 바로 이 책의 주제입니다. 그것이 무엇일까요?

17. 나는 버텨낼 거야
(발레리 홉스 지음, 모난돌 옮김, 내인생의책)

라이벌 관계가 있습니다. 서로 이야기하지 않아도 다른 사람들이 먼저 압니다. 먹고 먹히는 관계를 떠나서 같은 것을 놓고 서로 다툽니다. 성향도 비슷하고, 하는 일도 비슷하고, 책임도 비슷합니다. 예를 들면 같은 개일지라도 양을 지키고 보호하는 개와 같은 개과인 늑대와의 관계는 어떨까요? 이 책은 바로 이 두 동물의 이야기입니다. 양치지 개와 떠돌이 늑대의 피할 수 없는 대결! 늑대는 '외롭다'가 상징어가 되었습니다. 홀로 된 늑대 혹은 외로운 늑대로 불리웁니다. 늑대가 어른이 되기 위해, 그리고 자신의 짝을 찾기 위해 무리를 떠나 무작정 길을 떠납니다. 그래서 그 늑대는 늘 배고프고 외롭습니다. 그러던 어느 날 그의 눈에 들어온 수많은 양들을 만납니다. 무슨 횡재인가? 늑대의 눈으로 보면 느려터진 양들이고 먹기 좋은 먹잇감들입니다. 그저 결심하고 이빨만 들이대면 내 밥이 되는 것들입니다. 그러나 방심은 금물. 그런 양들을 지키는 양치기 개들을 발견합니다. 그 개들이 한 마리가 아닙니다. 이들 중 우두머리인 '잭'은 이제 자신의 후계자를 걱정해야 할 정도로 늙은 개입니다. 다른 개들처럼 빠르지는 않아도 그는 지난 세월을 거치면서 풍부한 경험과 정확한 판단력을 가졌습니다. 그런 잭이 할 일이 있습니다. 양들을 잡아먹으려는 늑대와 대결하고 반드시 승리하여 자신의 후계자를 가려내는 일입니다.

두 동물은 서로가 지켜야만 하는 것을 지켜야 하는 피할 수 없는 운명을 지녔습니다. 그들의 피할 수 없는 대결은 누구의 승리로 끝날까요?

18. 책 안 읽고 사는 법
(토미 그린월드 글, 이희은 그림, 박수현 옮김, 책읽는곰)

아니 이게 뭔가요? 대체 '책 안 읽고 사는 법'이라니요. 세상에 무슨, 무슨 법이란 책들이 많다는 것은 알았지만 해도 너무하지 않은가요?

책을 안 읽는 대신에 책 쓰는 숙제를 선택한 찰리 조 잭슨의 이야기입니다.

잭슨은 여섯 살 생일에 선물로 전집을 받습니다. 이 순간 '나도 그런데!' 라는 사람은 긴장하시기 바랍니다.

이 전집으로 인해, 책이라면 저 멀리 도망을 가는 잭슨의 책을 읽지 않으려는 자신만의 전략이 성공합니다. 당연히 친구들에게 "책 안 읽기 전문가"로 유명해집니다. 문제는 그 다음입니다. 읽기 대신에 선택한 쓰기가 발표되면서 반전이 일어납니다. 그렇지요? 책을 쓰려면 반드시 다른 책을 읽었어야 합니다. 요건 몰랐지롱?

학생들에게도 책쓰기가 필요하다는 이야기가 나옵니다. 이제는 창조의 시대입니다. 그러기 위해서 당연히 책은 읽어야 합니다. 자신을 발견하게 된 잭슨이 대견합니다.

책 안 읽는 비법을 원한다면 이 책을 읽기 바랍니다. 이 책 간간히 그 비법이 소개됩니다. 그러다 어느 순간 자신이 제법 두꺼운 이 책을 다 읽었다는 사실을 깨닫게 됩니다.

19. 2등을 위하여
(실비아 태케마 글, 오승민 그림, 하연희 옮김, 아름다운사람들)

1등만 하면 다 되는 것 아닌가요? 그런데 '2등을 위하여'라니 이상해도 한참 이상합니다.

시상대에 오른 선수 중에 가장 행복하지 않는 선수가 2등이라는데 말입니다. 1등에게 져서 올라간 자리가 바로 2등의 자리입니다. 그런데 2등을 위해서라고요?

크로스 컨츄리 달리기의 라이벌 이야기가 펼쳐집니다. 상대는 제이크와 스펜서. 둘 다 학교 대표 달리기 선수입니다. 라이벌 관계가 늘 그렇듯이 이 둘도 그렇습니다. 제이크는 늘 스펜서에게 1등 자리를 내줍니다. 그래서 늘 2등입니다. 그렇다고 연습이나 운동을 게을리하는 것도 아닙니다. 누구보다도 열심이지만 그는 늘 2등입니다. 그 2등이 정말이지 싫은 제이크입니다. 읽는 내내 안타까움이 마치 내가 그런 것처럼 느껴집니다. 결국 무리수를 둡니다. 어느 날 달리기 경주에서 심판에게 1등이 자기를 밀었다고 거짓말을 하게 되고 심판은 그의 말을 받아들여 제이크는 1등을 하게 됩니다. 그러나 그 경기에 자신의 라이벌이 출전하지 않았음을 알게 됩니다. 경쟁 상대가 없는 달리기 그리고 거기서 1등을 했다는 것이 과연 무슨 의미란 말인가요? 경쟁자가 없는 1등은 진정한 승리일까요?

이 책은 1등을 하고 싶은 학생 그리고 1등 때문에 고민하는 학생 그리고 과연 결과와 과정 중에서 무엇이 중요한가를 알고 싶은 학생에게 권하고 싶습니다.

20. 행운을 찾아서
(세르히오 라이를라 글, 아나 G. 라르티테기 그림, 남진희 옮김, 살림어린이)

이 책을 읽은 학생들마다 서로 다른 이야기를 합니다. 분명 같은 책인데 말입니다. 어떤 학생은 왼쪽에서 오른쪽으로 읽었고, 다른 학생은 오른쪽에서 왼쪽으로 읽었습니다. 그런데 참으로 이상합니다. 어느 쪽으로든 다 읽고 나면 다시 반대 방향으로도 볼 수 있는 책입니다. 그러니까 책 한 권에 두 가지 이야기가 담겨 있는 책입니다. 발상이 재미있는데 내용도 그렇습니다. 행운과 불행을 같은 책 안에 담았습니다. 주인공들의 이름도 행운씨와 불운씨입니다. 그런데 하는 일도 비슷합니다. 여행을 준비하는데 행운씨는 하는 일마다 잘 됩니다. 세상일이 이렇게만 된다면 무슨 걱정일까요? 그러나 반대로 불운씨는 하는 일마다 엉킵니다. 보기에도 안타깝습니다. 대체 왜 이런 일이 일어나는 걸까요?

누구든지 같은 일을 풀어가는데 사람마다 차이를 보입니다. 그렇다면 이 책에서 무엇을 배워야 할까요? 아마도 이 책을 스스로 선택해서 읽은 사람과 누군가의 강요에 의해서 읽은 사람의 차이가 아닐지요? 같은 일을 하더라도 자신이 어떤 입장에서 시작했는가에 따라서 다른 결과를 가져옵니다. 책 읽기는 스스로 해야 할까요? 아니면 강요에 의해서 해야 할까요? 그렇게 하고 나면 결과는 어떨까요? 이 책에서 강조하는 출력 독서는 어떤 입장일까요? 똑같은 상황을 다르게 대하고 풀어가는 두 사람의 차이가 바로 출력 독서와 입력 도서의 차이가 아닐지요?

21. 싫어요!
(파올라 카프리올로 글, 이우건 그림, 김태은 옮김, 초록개구리)

어린이들은 나이가 어리면 어른들이 하는 말에 부정적으로 답하기 어렵습니다.

'아니오!'라든가, '노!'라든가를 말해야 할 때가 그런 경우입니다. 용기란 대단한 것이 아닙니다. 용기란 무엇이 옳은 것인지 제대로 알고, 옳지 않은 것을 '아니다!'라'고 말하는 것입니다. 투

수가 던진 공에 대해 볼은 볼이라고, 스트라이크는 스트라이크라고 눈치 보지 않고 말하는 것! 그것이 진정한 용기입니다. 이 책은 '싫다'라는 말 한마디가 역사의 흐름을 바꾼다는 내용을 담은 책입니다. 책 속에는 '로자 파크스'라는 평범한 흑인 여성이 등장합니다. 시대적 배경은 미국의 1955년으로 흑백 갈등이 심할 때였습니다. 공공장소에서도 흑인과 백인의 자리가 따로 있었고, 인종주의자들의 비밀협회인 KKK단의 폭력도 끊이질 않았습니다. 1955년 12월 1일, 평범한 재봉사였던 로자 파크스는 일이 끝난 후 집으로 돌아가기 위해 버스를 탑니다. 버스에 올라 자리에 앉은 그녀에게 운전기사는 백인에게 자리를 양보하라고 합니다. 그러나 그녀의 단 한 마디가 역사를 바꾸게 됩니다. "싫어요!"

버스 안이 술렁이지만 그 술렁임은 역사를 바꾸는 함성이 되어 바꿀 수 없는 엄청난 파워를 가진 역사의 힘이 됩니다. 흑인들의 버스 승차 거부 운동과 같은 비폭력 평화 운동이 시작된 것입니다. 오늘날 흑인 대통령 '버락 오바마'가 탄생할 수 있었던 것은 어느 한 순간에 이뤄진 것이 아니고 이런 일들이 차곡차곡 쌓여진 결과입니다. 사회의 편견을 깰 수 있을까요? 책은 계속해서 질문을 던지며 독자의 답을 기다립니다.

22. 강철 이빨
(클로드 부종 지음, 이경혜 옮김, 비룡소)

누군들 늙지 않을까요? 나이가 들면 몸에 나타나는 이상한 징조들. 그리고 거부할 수 없는 몸의 증세. 나이 든다는 것은 새로운 도

전이고 시련이지만 그것을 받아들이는 태
도나 자세들은 사뭇 다릅니다. 이야기는 이
저자만의 색다른 관점과 시선으로 우리에
게 다가옵니다. 대표작 《파란의자》도 그렇
고 이 책도 역시 그렇습니다.

이 책은 나이 들어가는 것에 대한 이야기
입니다. 손자와 할아버지가 주고 받는 대화 속에 삶의 진지함과 정
직함이 묻어납니다. 하나 남은 이빨. 누군들 이 이빨이 불편하지 않
을까요? 이 이빨을 마치 젊은 날의 훈장처럼 생각합니다. 그리고 손
자하고 이야기 나누는 즐거움에 삽니다. 이 이빨로 할아버지는 가족
의 생계를 책임지고 살았습니다. 이 책은 조금은 무겁게 느껴질 수
있지만, 아이들의 입장에서는 자신의 존재를 알게 해주는 새로운 상
징이나 혹은 우리 가족의 뿌리를 알게 해 주는 그래서 조금은 생각
을 하게 만드는 책입니다. 이 책을 읽고 아이가 할아버지나 할머니
의 존재에 대한 감사함을 느꼈다면 진정한 책 읽기에 성공한 사례
가 될 것입니다.

23. 말더듬이 내 친구, 어버버

(베아트리스 퐁타넬 글, 마르크 부타방 그림, 이정주 옮김, 시공주니어)

누구나 숨기고 싶은 단점이 있습니다. 아니 누구나 자기만의 자존
심의 한계선이 있습니다. 그 선을 넘어 오거나 끊어지게 되면 우리
는 상처를 받습니다.

이 책에 등장하는 말 더듬는 소년은 친구들에게 놀림을 당합니다.

상처받는 것은 당연합니다. 말을 더듬는다고 해서 '어버버'라고 불립니다. 그런 그가 어느 날 친구들 사이에서 사라집니다. 마침내 친구들은 지붕 위에서 그를 찾고, 자신들의 행동을 반성합니다. 그 사건 이후로 친구들과 어버버는 친해지고 드디어 반장에 선출되기도 합니다. 어버버는 용기와 자신감을 갖습니다. 장래의 희망도 갖게 되고 커서 배우가 되겠다는 꿈도 갖습니다.

어버버는 주변의 사람들과 조금 다를 뿐입니다. 다른 것과 틀린 것을 구별할 수 있도록 가르쳐줍니다. 나는 다른 사람과 틀린 것이 아니고 다를 뿐입니다. 키도, 사는 곳도, 좋아 하는 것도, 다른 사람과 다른 것뿐이지 틀린 것이 아니라는 것을 바르고 분명하게 가르쳐줍니다. 이 책은 그런 것을 알게 하는 책입니다.

24. 잘못 뽑은 반장
(이은재 글, 서영경 그림, 주니어김영사)

반장? 아무나 된다면 이렇게 뽑지 않을텐데…….

여기저기 다니면서 협박과 회유성 발언을 한 덕에 반장이 되었지만, 이런… 이런…반장은 그냥하는 게 아니었습니다. 분단장이나 할걸..후회가 막심입니다. '해로운'은 주인공 이로운의 별명. 여기서부터 이야기가 심상치 않습니다. 어쩐지 이상한 냄새가 풍깁니다. 무슨 냄새? 그야말로 시한 폭탄성 장난꾸러기입니다. 물론 자타 공인입니

다. 사람은 이름대로 된다고 했던가요? 자리가 사람을 만든다고도 합니다. 점점 더 반장에 어울리는 사람으로 변해 갑니다. 공부만 잘해야 반장인가요? 주인공이 하는 반장의 역할을 잘 생각해 보세요. 가만히 생각하면 생각할 수록 많은 생각을 하게 됩니다. 책임감! 신뢰! 수학 시험 20점 정도쯤은 이런 것들에게 언제나 꼬리를 내립니다. 성적보다 더 귀하고 소중한 것은, 눈에 보이지 않는 학력이라고 불리는 책임감과 신뢰이기 때문입니다.

잘못 뽑은 반장 '해로운'이 아닌, 멋지고 정의로운 반장 '이로운'이 어떻게 되어 가는가를 살펴 보세요. 그런데 이 책은 후속편인 '또 잘못 뽑은 반장'은 어떨까요? 궁금하다면 읽어 보기 바랍니다.

| 참고문헌 |

1. 김병원(1979), 새 시대의 독서 교육, 배영사

2. 노명완, 정혜승, 옥현진(2003), 협동적 수업 전략 45가지, 박이정

3. 박미정(2005), 내용교과독서가 교과학습에 미치는 영향, 한국교육원대 석사
   논문

4. 양재경, 김수경, 이창규, 정영주, 김정미(2001), 어린이독서지도의 이론과 실
   제, 태일사

5. 이경화, 읽기 교육의 원리와 방법, 박이정

6. 이경화와 6인, 교과독서와 세상 읽기, 박이정

7. 이경화(2005), 교과독서를 위한 교육과정 개발 방안, 한국국어교육학회 전국
   학술대회자료집

8. 이재승(2004), 아이들과 함께하는 독서와 글쓰기 교육, 박이정

9. 차경수(1986), 교육학 개론, 학연사

10. 천경록 외(2006), 자기주도적 학습을 위한 독서전략 지도, 교육과학사

11. 천경록, 이경화 공역(2003), 독서 지도론, 박이정

12. 한국독서학회(2003), 21세기 사회와 독서 지도, 박이정

13. 한철우, 홍인선(2007), 학교 현장 독서지도 어떻게 할 것인가? 교학사

14. 한철우, 박진용, 김명순, 박영민(2001), 과정 중심 독서 지도, 교학사

15. Adler, M.J & van Doren, D(1940, 1967, 1972) How to Read a Book, 독고앤
    역(2005), 생각을 넓혀주는 독서법, 멘토

16. Gaur, A,/강동일 역(1984, 1985), 문자의 역사, 새날

17. Irwin,J.W/천경록, 이경화 역(1991, 2003), 독서지도론, 박이정

세상을 바꾸는 책 읽기의 비밀
초등 출력 독서

1쇄 발행 2017년 5월 25일 **2쇄 발행** 2017년 6월 5일

지은이 이정균
펴낸곳 글라이더 **펴낸이** 박정화
편집 정안나 **디자인** 디자인뷰 **마케팅** 임호

등록 2012년 3월 28일 (제2012-000066호)
주소 경기도 고양시 덕양구 은빛로 43 은하수빌딩 8층 801호 (우.10449)
전화 070)4685-5799 **팩스** 0303)0949-5799 **전자우편** gliderbooks@hanmail.net
블로그 http://gliderbook.blog.me/
ISBN 979-11-86510-42-1 03370

책값은 뒤표지에 있습니다.
잘못된 책은 바꾸어 드립니다.

이 도서의 국립중앙도서관 출판예정도서목록(CIP)은 서지정보유통지원시스템 홈페
이지(http://seoji.nl.go.kr)와 국가자료공동목록시스템(http://www.nl.go.kr/kolisnet)에서
이용하실 수 있습니다. (CIP제어번호: CIP2017010696)

글라이더는 존재하는 모든 것에 사랑과 희망을 함께 나누는 따뜻한 세상을 지향합니다.